LES
TRAITÉS DE PRÉVOYANCE
ET
DE TRAVAIL

TEXTES, COMMENTAIRE ET HISTORIQUE

THÈSE COMPLÉMENTAIRE POUR LE DOCTORAT ÈS LETTRES

PRÉSENTÉE A LA FACULTÉ DES LETTRES DE PARIS

PAR

ALBERT MÉTIN

Ancien élève de la Faculté, Agrégé d'histoire et de géographie
Boursier de voyage autour du monde de l'Université de Paris

PARIS
LIBRAIRIE ARMAND COLIN
5, RUE DE MÉZIÈRES, 5

LES
TRAITÉS DE PRÉVOYANCE
ET
DE TRAVAIL

COULOMMIERS

Imprimerie Paul Brodard.

LES
TRAITÉS DE PRÉVOYANCE
ET
DE TRAVAIL

TEXTES, COMMENTAIRE ET HISTORIQUE

THÈSE COMPLÉMENTAIRE POUR LE DOCTORAT ÈS LETTRES

PRÉSENTÉE A LA FACULTÉ DES LETTRES DE PARIS

PAR

ALBERT MÉTIN

Ancien élève de la Faculté, Agrégé d'histoire et de géographie
Boursier de voyage autour du monde de l'Université de Paris

PARIS

LIBRAIRIE ARMAND COLIN

5, RUE DE MÉZIÈRES, 5

1908

INTRODUCTION

Depuis le xviiie siècle, les intérêts économiques se sont imposés aux diplomates, et les États ont pris l'habitude d'insérer des clauses commerciales dans leurs arrangements ou de conclure des traités spéciaux de commerce. A la fin du xixe, la même fortune est advenue aux préoccupations sociales. On voit aujourd'hui les Gouvernements faire des conventions de prévoyance ou de protection ouvrière, ou toutes deux ensemble; on voit l'Italie et la Suisse, l'Allemagne et l'Autriche-Hongrie insérer des clauses à ce sujet dans leurs traités de commerce.

La Prévoyance sociale s'entend des lois relatives aux Caisses d'épargne, aux institutions d'assurance contre les maladies, les accidents, l'invalidité, le chômage, enfin contre la vieillesse dont la forme la plus complète est la retraite. Les traités de prévoyance commencent avec l'accord franco-belge de 1882 relatif aux transferts de dépôts entre Caisses d'épargne des deux pays. A cette époque les autres formes de prévoyance n'étaient point facilitées, ou du moins pas assurées obligatoirement par des lois aux ouvriers. Dans cette voie, l'Allemagne fit les premiers pas par ses lois depuis 1884 et, parmi les exemples qu'elle donna, les autres nations imitèrent surtout l'obligation pour le patron d'indemniser l'ouvrier victime d'un accident du travail. On peut dire que la loi allemande sur ce sujet inspira notre loi de 1898, complétée en 1902, 1905 et 1906| et ajouter que l'Allemagne, en insérant dans sa loi une clause promettant la réciprocité aux États qui donneront aux ouvriers allemands travaillant chez eux des avantages équivalents à ceux de la loi allemande, prépara le terrain à des arrangements internationaux. Mais l'initiative d'un tel accord vint de la France et de l'Italie qui, par la convention du 15 avril 1904, assurèrent aux ouvriers de chacun des pays travaillant dans l'autre, — outre le transfert des épargnes comme par le traité franco-belge de 1882, — un traitement égal en cas d'accident; les caisses de retraites et de chômage furent comprises dans l'arrangement; enfin, il s'étendit même à une institution future, les retraites ouvrières. A la suite de ce traité, la réciprocité en matière d'indemnités pour accidents fut demandée soit à la France, soit à l'Allemagne, par la Belgique, le Luxembourg, par d'autres États encore, et donna lieu à une série de négociations qui se continuent.

Depuis plus longtemps, un autre mouvement se dessinait en faveur d'une protection internationale des ouvriers; mais la première réalisation ne se fit point aussi vite : il fallut attendre pour cela la convention franco-italienne du 15 avril 1904, qui donne satisfaction aux deux tendances que j'étudie. Par cet acte, en échange des avantages de prévoyance assurés à ses nationaux, l'Italie promet de faire observer sa loi de 1902 interdisant le travail nocturne des femmes, de ne jamais revenir en arrière sur ses dispositions, quelles que puissent être les difficultés d'application, de surveiller le travail des enfants, d'instituer une inspection efficace du travail, le tout sur le modèle français. Enfin, les deux États s'engagent à prendre part à toute conférence diplomatique future pour l'établissement d'une législation internationale du travail. L'idée de telles réunions n'était pas nouvelle et même un essai avait eu lieu à Berlin en 1890, mais sans résultat pratique. Dans les deux années qui suivent la convention de 1904 on voit, pour la première fois, ces tentatives aboutir sur l'initiative de l'Association internationale pour la Protection légale des Travailleurs appuyée par le Gouvernement suisse. A l'issue de la deuxième conférence de Berne en 1906, 7 États s'accordent pour la suppression d'un poison industriel, le phosphore blanc;

14 pour l'interdiction du travail de nuit aux femmes avant une dernière limite qui va suivant les cas du 1er janvier 1911 au 1er janvier 1919.

On trouvera ici, avec une esquisse des efforts préparatoires qui n'ont pas réussi, l'indication des causes qui ont contribué aux présents succès, les textes des accords réalisés, un commentaire et la marche des débats parlementaires, lesquels, même en France, — État qui, si l'on se place uniquement au point de vue des intérêts matériels, a donné le plus — n'ont pas une importance comparable à celle des négociations diplomatiques.

BIBLIOGRAPHIE

PÉRIODIQUES OFFICIELS

I. — Les Journaux officiels :
Stenographische Berichte d'Allemagne (*Reichstag*),
Annales parlementaires de Belgique (Annexe au *Moniteur*),
Journal officiel de la République française,
Gazzetta ufficiale del Regno d'Italia,
Compte-rendu des séances de la Chambre du Luxembourg,
Bulletin sténogr. offic. de l'Assemblée fédérale,
donnent les débats et documents parlementaires, ainsi que
les textes de lois, publiés en outre, avec les arrêtés et
décrets, lors de la promulgation, dans des recueils comme
la *Reichsgesetzblatt* de l'Empire d'Allemagne, le *Moniteur
belge*, le *Bulletin des Lois de la République française*, le *Mémorial du Grand-Duché de Luxembourg*, la *Feuille fédérale* et
le *Recueil des lois fédérales* de la Confédération suisse.

II. — Les Bulletins mensuels des Offices du Travail;
Labour Gazette publiée par le Board of Trade, Londres,
divers, depuis 1892, in-4,
Reïchs-Arbeitsblatt herausgegeben vom kaiserlichen Sta-
tistischen Amt, Berlin, C. Heymans, depuis avril 1903, in-8,
Revue du Travail, publiée par l'Office du Travail de Belgique, Bruxelles, depuis 1896, 2 fois par mois, in-8,
Bulletin de l'Office du Travail, publié par le Ministère du
Commerce et de l'Industrie depuis 1893, puis par le Ministère du Travail et de la Prévoyance sociale créé en
octobre 1906, Paris, divers, in-8,

Ministero di Agricoltura, Industria e Commercio. *Bolletino dell' Ufficio del Lavoro*, Roma, G. Baten, depuis 1904, in-8,

donnent les textes des lois ouvrières et parfois de prévoyance sociale, les règlements, des détails sur l'application.

Pour la législation internationale du Travail, celui qui fournit le plus de textes et de renseignements est le *Bulletin de l'Office du Travail* français; les autres reproduisent assez souvent ce qu'il publie sur ce chapitre.

III. — Royaume de Belgique. Ministère de l'Industrie et du Travail. Office du Travail. *Annuaire de la Législation du Travail publié par l'Office du Travail de Belgique*, Bruxelles, divers, in-8; paraît chaque année depuis 1897, donne la traduction française de toutes les lois ouvrières promulguées dans l'année. Moins complet, mais plus ancien et plus régulier que le *Bulletin de l'Office international du Travail*, n° IX de cette Bibliographie.

IV. — *Bulletin du Comité permanent des Congrès internationaux des assurances sociales* (anciennement Comité international des Accidents du Travail), Paris, 55, rue de Châteaudun; publication mensuelle en principe, particulière, mais publiant les traductions françaises authentiques des lois sur les accidents du travail et en général des lois de prévoyance sociale.

CONGRÈS 1890-1900.

V. — Ministère des Affaires étrangères. *Conférence internationale de Berlin, 15-29 mars 1890*, Paris, Imprimerie nationale, 1890, in-4 de 128 pp. (*Livre jaune : épuisé*).

VI. — *Congrès international pour la protection ouvrière à Zurich, du 23 au 28 avril 1897*. Circulaires du comité d'organisation. Rapports et propositions. Liste provisoire des participants au Congrès. Zurich, librairie de la société suisse du Grütli, 1897, in-8 de 159 pp. (*épuisé*).

VII. — *Congrès international de législation du travail tenu à Bruxelles du 27 au 30 septembre 1897 : Rapports et compte rendu analytique des séances* publiés par le Bureau de la Commission d'organisation. Bruxelles, P. Weissenbruch, 1898, in-8 de XXXV-741 pp. (*épuisé*).

VIII. — 1° Ministère du Commerce, de l'Industrie, des Postes et Télégraphes. Exposition universelle de 1900. Direction générale de l'exploitation. *Congrès international pour la protection légale des travailleurs, tenu à Paris, au Musée social, du 25 au 28 juillet 1900. Rapports et compte rendu analytique des séances*, Paris, Arthur Rousseau, 1901, in-8 de XXX-563 pp. (*épuisé*).

2° Ministère du Commerce, de l'Industrie, des Postes et des Télégraphes. Exposition universelle de 1900. Direction générale de l'exploitation. *Congrès international pour la protection légale des travailleurs tenu à Paris, du 25 au 29* (sic) *juillet 1900. Compte rendu sommaire*, par M. André LICHTENBERGER. Paris, Imprimerie nationale, MCM, in-8 de 35 pp.

ASSOCIATION INTERNATIONALE POUR LA PROTECTION LÉGALE DES TRAVAILLEURS

Les publications de l'Office international et de l'Association paraissent en allemand puis en traduction française et parfois anglaise, celles des sections dans la langue du pays.

IX. — *Bulletin de l'Office international du Travail.* Publication périodique. Paris, Berger-Levrault; Berne, A. Francke; Iéna, Gustav Fischer; mensuel en principe, plusieurs fascicules par an paraissant à intervalles irréguliers, numérotés par année, depuis 1902. Une édition allemande, une française; une anglaise est annoncée. Publie, entre autres choses, les lois et ordonnances de protection ouvrière de tous les pays. (Voir le n° III de cette Bibliographie.)

X. — Publications de l'Association internationale pour la protection légale des travailleurs.

N° 1. — *L'Association internationale pour la protection légale des travailleurs. Assemblée constitutive tenue à Bâle les 27 et 28 septembre 1901. Rapports et compte rendu des séances* publiés par le bureau de l'Association... Berne, Schmid et Francke; Paris, H. Le Soudier; Iéna, Gustav Fischer; 1901, in-8 de XIV-269 pp. Le procès-verbal de l'assemblée constitutive (*Protokoll der Konstituirenden Versammlung*) en allemand et en français, le reste en français dans l'édition française.

N° 2. — *Compte rendu de la 2ᵉ assemblée générale du Comité de l'Association internationale pour la protection légale des travailleurs tenue à Cologne les 26 et 27 septembre 1902*, suivi de rapports annuels de l'Association internationale et de l'Office international du travail, publié par le bureau de l'Association... *id., ibid.*, 1903, in-8 de 82 pp.

N° 3. — *Compte rendu de la 3ᵉ assemblée générale du Comité de l'Association internationale pour la protection légale des travailleurs, tenue à Bâle les 26, 27 et 28 septembre 1904*, suivi de rapports annuels de l'Association, etc., publié par le bureau de l'Association, Paris et Nancy, Berger-Levrault, 1905, in-8 de 176 pp.

N° 4. — *Deux mémoires présentés aux Gouvernements des États industriels en vue de la convocation d'une Conférence internationale de protection ouvrière*, publiés par le bureau de l'Association..., *id., ibid.*, 1905, in-8 de 49 pp. — Préparé pour la 1ʳᵉ Conférence de Berne; voir le n° XVII de cette Bibliographie.

N° 5. — *Compte-rendu de la quatrième assemblée générale du Comité de l'Association internationale pour la protection légale des travailleurs, tenue à Genève les 26, 27, 28 et 29 septembre 1906*, suivi des rapports annuels de l'Association internationale et de l'Office international du travail, et de tableaux synoptiques, *id., ibid.*, in-8 de 163 pp.

XI. — SECTION ALLEMANDE. — Schriften der Gesellschaft für Soziale Reform, herausgegeben von dem Vorstande, Iena, Gustav Fischer, Hefte (brochures) in-8, depuis 1901.

Plus de 24 brochures, numérotées par séries de 12, presque toutes relatives à des questions allemandes ou du moins intéressant un seul État.

XII. — SECTION ANGLAISE. — British Association for Labour Legislation.

Série de brochures in-8, Londres, divers, dont la première est le rapport du dernier Congrès de l'Association internationale (*Report of the 4th biennal Delegates' Meeting of the International Association for Labour Legislation, held at Geneva, sept. 1906*, 8 pp.).

XIII. — SECTION BELGE. — Comité belge pour le progrès de la législation du travail.

Brochures in-8 publiées à Liège, Bénard, depuis 1906.

XIV. — SECTION ESPAGNOLE. — Associacion internacional p. la proteccion legal de los trabajadores (Seccion española).

La proteccion legal de los trabajadores, Conferencia de M. Ivan Strohl, Madrid, Minuesa de los Rios, 1907, in-8, 8 pp.

XV. — SECTION FRANÇAISE. — Association nationale française pour la protection légale des travailleurs.

Brochures et volumes in-18, Paris, F. Alcan, depuis 1903 ; à partir de la 3ᵉ série, 1905-1906, numérotés par séries, et réédités en 1 tome comprenant :

a) toute la série ;

b) les discussions de la section nationale à propos des publications de la série, qui sont maintenant presque toujours des rapports préparés pour les assemblées de la section.

A utiliser principalement :

Nº 1 de la 1ʳᵉ série (non numéroté) : *l'Association internationale pour la Protection légale des Travailleurs et sa section française*, par André LICHTEMBERGER, in-8 de 16 pp.

Nº 2 de la 3ᵉ série : *La Conférence officielle de Berne*, rapport de M. A. MILLERAND, in-8 de 23 pp.

Association nationale française pour la Protection légale des Travailleurs. Paris, Alcan, Larose et L. Tenin, 1907, brochure in-18 de 72 pp., distincte des séries précédentes. Sans autre titre. Agenda-manuel avec un historique.

XVI. — SECTION SUISSE. — Association suisse pour l'avancement de la protection légale des travailleurs.

Brochures in-8 en allemand et en français. Berne, Zurich et Payerne, 1900 à 1907.

A consulter.

No 1. Emil FREY. — *Zur Geschichte der Idee des internationalen Arbeiterschutzes*, Bern, Sturzenegger, 1900, in-8° de 8 pp.

No 2. N. REICHESBERG. — *Der internationale Arbeiterschutz Kongress in Paris, ibid.*, 1900, in-8° de 30 pp.

No 5. Étienne BAUER. — *L'Office international du Travail. Son organisation et son but...* Zurich, Impr. de la Société suisse du Grütli, 1901, in-8° de 30 pp.

No 13. Emil FREY. — *Die Verhandlungen der internationalen Arbeiterschutz Konferenz in Bern, im mai 1905.* Bern, Scheitlin, 1905, in-8 de 8 pp.

No 17. *Katalog der Bibliothek nebst Autoren und Sachregister abgeschlossen auf 31sten December 1906.* — *Catalogue de la Bibliothèque suivi d'une liste des auteurs et des matières (31 décembre 1906).* Bern, Neukomm und Zimmermann, 1906, in-8° de 15 pp.

No 18. *Die Diplomaten Konferenz für Arbeiterschutz (Bern, 17-26 sept. 1906).* — *Die IVten Delegierten Versammlung der internationalen Vereinigung für gesetzlichen Arbeiterschutz (Genf, 27-29 sept. 1906)*, Bern, Scheitlin, in-8 de 21 pp.

CONFÉRENCES DE BERNE

XVII. — *Conférence internationale pour la Protection ouvrière, à Berne (du 8 au 17 mai 1905)*, s. l. d. n. (publication officielle helvétique), 1905, in-4 de 128 pp.

XVIII. — *Actes de la Conférence diplomatique pour la protection ouvrière réunie à Berne, du 17 au 26 septembre 1906.* Berne, Imprimerie Staempfli et Cie, 1906, in-4 de 175 pp.

LES
TRAITÉS DE PRÉVOYANCE
ET DE TRAVAIL

PREMIÈRES TENTATIVES

CONFÉRENCE DIPLOMATIQUE DE BERLIN (1890).
CONGRÈS DE ZURICH ET DE BRUXELLES (1897).

On peut faire remonter les projets de législation internationale du travail aux premières tentatives de protection légale nationale. Ce fut, en effet, l'un des promoteurs de la législation sur les fabriques en Angleterre, Robert Owen, qui présenta, en 1818, aux diplomates européens réunis en Congrès à Aix-la-Chapelle, un projet d'intervention et de réforme.

Sa tentative n'eut aucune espèce de succès et il en fut de même, pendant longtemps, de celles qui suivirent[1].

1. *Actes de la Conf. diplom. pour la Prot. ouvrière*, Berne, 1906, in-4 (Bibliog., XVIII). Esquisse historique, pp. 9-13.

La plus nette dont on ait gardé le souvenir, est celle du philanthrope alsacien Daniel Legrand, qui, de 1853 à 1857, adressa plusieurs appels aux gouvernements des pays industriels, pour leur demander « de provoquer une loi internationale sur le travail industriel », dont il avait esquissé l'avant-projet.

Vers la même époque, et probablement à la suite du même mouvement d'idées, le gouvernement du canton suisse de Saint-Gall, qui avait une industrie du tissage semblable à celle de Mulhouse, vota la première loi ouvrière pour réglementer le travail dans les fabriques en Suisse. Il s'adressa à son voisin, également industriel, le canton de Zurich, pour lui demander d'adopter une loi analogue, de façon à mettre les ouvriers et les industriels des deux pays dans les mêmes conditions. « Il serait sans doute nécessaire, ajoutait-il dans son projet, de créer un système uniforme au moyen de stipulations internationales entre les États industriels de l'Europe; mais cette idée rentre, pour le moment, dans la catégorie des vains désirs. »

Le Conseil ne se trompait point : le projet ne fut, en effet, repris en Suisse qu'après la Constitution de 1874, et au moment où le Conseil fédéral soumit à l'Assemblée un projet de loi sur les fabriques. Le 5 juin 1876, dans son discours d'ouverture de la session, M. le colonel Frey, président du Conseil national, déclara qu'il y avait lieu d'examiner « si la Suisse ne devait pas provoquer la conclusion de traités internationaux tendant à régler les questions ouvrières d'une manière uniforme dans tous les États industriels ».

Le 9 décembre 1880, le même personnage proposa au Conseil fédéral une motion l'invitant « à entrer en négociations avec les principaux États industriels dans le but de provoquer la création d'une législation internationale sur les fabriques ».

Le Conseil fédéral prit cette motion en considération, puis, le 30 avril 1881, fit pressentir les Gouvernements des États voisins afin de savoir s'ils se montreraient disposés à préparer la conclusion d'une convention internationale réglementant le travail dans les fabriques. D'après le compterendu officiel des actes de la conférence diplomatique de Berne en 1906[1], « les réponses reçues furent loin d'être encourageantes ». Une brochure du colonel Frey[2] donne le passage suivant de la réponse française :

1. (Bibliogr., n° XVIII), p. 3.
2. *Zur Geschichte der Idee der intern. Arbeiterschutzes* (Bibl., XVI, n° 1), p. 4.

Le rôle de l'État n'est pas d'intervenir dans les contrats
entre patrons et ouvriers et de porter atteinte, sans
nécessité absolue et bien démontrée, à la liberté du
travail. Si donc, en France même, le gouvernement se
montre très peu disposé à entrer dans cette voie, il serait
encore bien moins enclin à se lier les mains par voie
internationale sur cette matière.

Néanmoins, l'idée ne disparut plus; elle fut
reprise par l'Association ouvrière suisse à tendances socialistes appelée « le Grütli », qui, en 1886,
réclama des démarches pour l'établissement d'une
législation internationale. A la suite de ce mouvement, deux députés, MM. Decurtins, catholique
social, et Favon, socialiste, présentèrent au Conseil
national une nouvelle motion qui priait le Conseil
fédéral d'ouvrir des pourparlers en vue de faire
soit par des traités, soit par une loi adoptée simul-
tanément dans plusieurs nations, quatre réformes
déterminées, savoir :

La protection des mineurs;

La limitation du travail des femmes;

Le repos hebdomadaire;

La fixation d'une journée normale de travail.

En juin 1888, la motion fut adoptée, et le Conseil
fédéral, averti par l'expérience de 1881, se con-
tenta d'inviter les puissances à une conférence
préparatoire qui devait se tenir au mois de sep-

tembre 1899, afin d'examiner si une entente internationale serait possible [1].

Pour attirer toutes les bonnes volontés, le
Conseil indique des raisons de morale générale;
il veut, dit-il, « que la famille ne soit pas livrée
à la dépravation physique et morale, et ruinée par
le fait d'une exploitation trop considérable, trop
précoce, des forces de l'ouvrier ».

Limitant le programme déjà arrêté, il le borne
presque entièrement au repos hebdomadaire et au
travail des enfants et des femmes dans les établissements industriels.

Avec beaucoup de réserves, il propose simplement un programme de discussion, et le rédige
sous la forme d'un questionnaire portant sur six
ordres de faits :

Interdiction du travail du dimanche;

Fixation d'un âge minimum pour l'admission
des enfants dans les fabriques;

Fixation d'une durée maximum de la journée
pour les jeunes ouvriers;

Interdiction d'occuper des jeunes gens et des
femmes dans des exploitations particulièrement
nuisibles à la santé ou dangereuses;

1. Min. des Aff. étrangères, *Conférence internationale de Berlin,
15-29 mars 1890*, Paris, I. N., 1890, in-4. (Bibliog., V), pp. 1-10,
Correspondance offic., 27 mars 1887, 27 février 1890.

Restriction du travail de nuit pour les jeunes gens et les femmes;

Exécution des dispositions adoptées [1].

La limitation du travail des adultes avait été supprimée de l'ordre du jour, parce qu'elle aurait exigé des lois nouvelles dans presque tous les États, sauf en Autriche, en France et en Suisse, et que la plupart des gouvernements auraient refusé de prendre une initiative si nouvelle.

La réponse de la France marquait un changement d'attitude. On y trouvait cette déclaration :

Le Gouvernement de la République porte un trop vif intérêt à toutes les questions sociales, particulièrement à celles qui concernent la production industrielle et l'amélioration des conditions de la vie de l'ouvrier pour ne pas avoir accueilli avec une sympathie particulière les ouvertures du Conseil fédéral [2].

Plusieurs autres États parurent prêts à se rendre à l'invitation du Conseil fédéral.

1. *Conf. intern. de Berlin* (Bibliogr., V), pp. 7-9 (Annexe à la note circulaire du 28 janvier 1890).
2. *Ibid.*, p. 4.

CONFÉRENCE DIPLOMATIQUE DE BERLIN (1890)

Au moment où le Gouvernement suisse allait recueillir le fruit de sa constance, le nouvel empereur d'Allemagne, Guillaume II, substitua brusquement son initiative à celle du Conseil fédéral par le rescrit du 4 février 1900, dans lequel il disait au Chancelier :

Je veux que, pour commencer, mes représentants officiels en France, en Angleterre, en Belgique et en Suisse posent officiellement la question de savoir si les Gouvernements sont disposés à entrer en négociations avec nous dans le but d'amener une entente internationale sur la possibilité de donner une satisfaction aux besoins et aux désirs des ouvriers qui ont trouvé leur expression au cours des grèves des dernières années et dans d'autres circonstances. Dès que mes idées auront été approuvées, je vous charge de convoquer tous les Gouvernements qui s'intéressent dans la même mesure à la question ouvrière, à prendre part à une conférence qui délibérera sur les questions soulevées.

Sur la demande du Gouvernement allemand, le Conseil fédéral s'effaça, laissa tomber ses invitations, et consentit à prendre part lui-même à la conférence.

A peine eût-il reçu les premières adhésions, que le Gouvernement allemand convoqua les puissances à une conférence destinée à examiner les questions ouvrières, qui devait se réunir à Berlin dès le mois suivant, le 15 mars 1890.

Le programme était exactement celui du Conseil fédéral, plus la réglementation du travail dans les mines [1].

La Conférence de Berlin se tint du 15 au 29 mars 1890. S'y firent représenter : l'Allemagne, l'Autriche, la Belgique, le Danemark, l'Espagne, la France, la Grande-Bretagne, l'Italie, le Luxembourg, les Pays-Bas, le Portugal, la Suède, la Norvège, la Suisse; leurs délégués étaient des diplomates, des hommes politiques, et des partisans de la réglementation du travail.

La conférence adopta les « vœux suivants énoncés la plupart à l'unanimité et les autres à la majorité [2] ».

1. *Conf. intern. de Berlin* (Bibliog., V), pp. 10, 15.
2. *Ibid.*, pp. 126, 128.

TEXTE DES VŒUX DE LA CONFÉRENCE DE BERLIN

I. Règlement du travail dans les mines.

Il est désirable :

1° *a*) Que la limite inférieure de l'âge auquel les enfants peuvent être admis aux travaux souterrains dans les mines soit progressivement élevée, à mesure que l'expérience en aura prouvé la possibilité, à 14 ans révolus.

Toutefois, pour les pays méridionaux, cette limite serait celle de 12 ans ;

b) Que le travail sous terre soit défendu aux personnes du sexe féminin ;

2° Que dans les cas où l'art des mines ne suffirait pas pour éloigner tous les dangers d'insalubrité provenant des conditions naturelles ou accidentelles de l'exploitation de certaines mines ou de certains chantiers de mines, la durée du travail soit restreinte.

Le soin est laissé à chaque pays d'assurer ce résultat par voie législative ou administrative, ou par accord entre les exploitants et les ouvriers, ou autrement selon les principes et la pratique de chaque nation ;

3° *a*) Que la sécurité de l'ouvrier et la salubrité des travaux soient assurées par tous les moyens dont dispose la science, et placées sous la surveillance de l'État.

b) Que les ingénieurs chargés de diriger l'exploitation soient exclusivement d'une expérience et d'une compétence technique dûment constatées ;

c) Que les relations entre les ouvriers mineurs et les ingénieurs de l'exploitation soient le plus directes possible pour avoir un caractère de confiance et de respect mutuels ;

d) Que les institutions de prévoyance et de secours, orga- nisées conformément aux mœurs de chaque pays et desti- nées à garantir l'ouvrier mineur et sa famille contre les effets de la maladie, des accidents, de l'invalidité prématurée, de la vieillesse et de la mort, institutions qui sont propres à améliorer le sort du mineur et à l'attacher à sa profession, soient de plus en plus développées;

e) Que, dans le but d'assurer la continuité de la production du charbon, on s'efforce de prévenir les grèves. L'expérience tend à prouver que le meilleur moyen préventif consiste à ce que les patrons et les mineurs s'engagent volontairement, dans tous les cas où leurs différends ne pourraient pas être résolus par une entente directe, à recourir à la solution par l'arbitrage.

II. — Règlement du travail du dimanche.

1° Il est désirable, sauf les exceptions et les délais nécessaires dans chaque pays :

a) Qu'un jour de repos par semaine soit assuré aux personnes protégées;

b) Qu'un jour de repos soit assuré aux ouvriers de l'industrie;

c) Que ce jour de repos soit fixé au dimanche pour les personnes protégées;

d) Que ce jour de repos soit fixé au dimanche pour tous les ouvriers de l'industrie;

2° Des exceptions sont admissibles :

a) A l'égard des exploitations qui exigent la continuité de la production pour des raisons techniques ou qui fournissent au public des objets de première nécessité, dont la fabrication doit être quotidienne;

b) A l'égard des exploitations qui, par leur nature, ne peuvent fonctionner que dans des saisons déterminées ou qui dépendent de l'action irrégulière des forces naturelles.

Il est désirable que, même dans les établissements de cette catégorie, chaque ouvrier ait un dimanche libre sur deux;

3° Dans le but de déterminer des exceptions à des points de vue similaires, il est désirable que leur réglementation soit établie par suite d'une entente entre les différents gouvernements.

III. — Règlement du travail des enfants.

Il est désirable :

1° Que les enfants des deux sexes n'ayant pas atteint un certain âge soient exclus du travail dans les établissements industriels ;

2° Que cette limite d'âge soit fixée à douze ans, sauf pour les pays méridionaux où cette limite serait de dix ans ;

3° Que ces limites d'âge soient les mêmes pour tout établissement industriel et qu'il ne soit admis sous ce rapport aucune différence ;

4° Que les enfants aient préalablement satisfait aux prescriptions concernant l'instruction primaire ;

5° Que les enfants au-dessous de quatorze ans révolus ne travaillent ni la nuit ni le dimanche ;

6° Que leur travail effectif ne dépasse pas six heures par jour et soit interrompu par un repos d'une demi-heure au moins ;

7° Que les enfants soient exclus des occupations insalubres ou dangereuses ou n'y soient admis que sous certaines conditions protectrices.

IV. — Règlement du travail des jeunes ouvriers.

Il est désirable :

1° Que les jeunes ouvriers des deux sexes de 14 à 16 ans ne travaillent ni la nuit ni le dimanche ;

2° Que leur travail effectif ne dépasse pas dix heures par jour et soit interrompu par des repos d'une durée totale d'une heure et demie au moins ;

3° Que des exceptions soient admises pour certaines industries ;

4° Que des restrictions soient prévues pour les occupations particulièrement insalubres ou dangereuses ;

5° Qu'une protection soit assurée aux jeunes garçons de seize à dix-huit ans en ce qui concerne :

a) Une journée maximum de travail ;

b) Le travail de nuit ;

c) Le travail du dimanche ;

d) Leur emploi dans des occupations particulièrement insalubres ou dangereuses.

V. — Règlement du travail des femmes.

Il est désirable :

1° *a)* Que les filles et les femmes de 16 à 21 ans ne travaillent pas la nuit ;

b) Que les filles et les femmes de plus de 21 ans ne travaillent pas la nuit ;

2° Que leur travail effectif ne dépasse pas onze heures par jour et qu'il soit interrompu par des repos d'une durée totale d'une heure et demie au moins ;

3° Que des exceptions soient admises pour certaines industries ; —

4° Que des restrictions soient prévues pour les occupations particulièrement insalubres ou dangereuses ;

5° Que les femmes accouchées ne soient admises au travail que quatre semaines après leur accouchement.

VI. — Mise à exécution des dispositions adoptées par la Conférence.

1° Pour le cas où les Gouvernements donneraient suite aux travaux de la Conférence, les dispositions suivantes se recommandent :

a) L'exécution des mesures prises dans chaque État sera surveillée par un nombre suffisant de fonctionnaires spécialement qualifiés, nommés par le Gouvernement du pays et indépendants des patrons, aussi bien que des ouvriers ;

b) Les rapports annuels de ces fonctionnaires, publiés par les Gouvernements des divers pays, seront communiqués par chacun d'eux aux autres Gouvernements ;

c) Chacun de ces États procédera périodiquement et, autant que possible, dans une forme semblable, à des relevés statistiques, quant aux questions visées dans les délibérations de la Conférence;

d) Les États participants échangeront entre eux ces relevés statistiques, ainsi que le texte des prescriptions émises par voie législative ou administrative et se rapportant aux questions visées dans les délibérations de la Conférence;

2° Il est désirable que les délibérations des États participants se renouvellent, afin que ceux-ci se communiquent réciproquement les observations que les suites données aux délibérations de la présente Conférence auront suggérées, et afin d'examiner l'opportunité de les modifier ou de les compléter.

Les soussignés soumettront ces vœux à leurs Gouvernements respectifs sous les réserves et avec les observations faites dans les séances du 27 mars et du 28 mars et reproduites dans les procès-verbaux de ces séances.

Fait à Berlin, le vingt-neuf mars de l'an mil huit cent quatre-vingt-dix, en un seul exemplaire qui sera déposé dans les archives du Gouvernement impérial d'Allemagne et dont une copie légalisée sera remise, par la voie diplomatique, à chaque Gouvernement représenté à la Conférence.

(Suivent les signatures.)

Ces vœux ne reçurent aucune application pour diverses raisons. D'abord l'empereur d'Allemagne, si ardent à réaliser l'idée conçue par le Gouvernement helvétique, parut changer de préoccupations après la conférence; en tous cas, il n'engagea plus de négociations pour des conventions et même des conférences internationales de travail.

Du reste, plusieurs États ne parurent point disposés à vouloir modifier ou amender leur législation sociale, sous la direction, au moins apparente, du Gouvernement impérial allemand.

Enfin, la tentative pour généraliser les lois de protection ouvrière était prématurée, plusieurs nations entrant à peine dans la voie de l'intervention.

Néanmoins, le premier essai de réalisation avait été tenté, et on savait que de telles entreprises ne pouvaient être faites, avec succès, par des États trop puissants, et que, d'autre part, l'ordre du jour devait, à la fois, se préciser et se limiter à une ou deux réformes acceptables pour tous.

CONGRÈS INTERNATIONAL POUR LA PROTECTION OUVRIÈRE, ZURICH (1897)

Après l'essai de Berlin, le gouvernement helvétique ne tarda point à faire tout le possible pour reprendre son premier projet.

Dès le 9 juin 1890, le Conseil fédéral, adressant au Conseil national un message sur la Conférence de Berlin, déclarait que la Suisse continuerait ce qu'elle avait commencé. Il fit, en effet, approuver par l'Assemblée, en juin 1895, le projet de réunir une nouvelle conférence, et, en 1896, fit solliciter les États étrangers de s'y prêter, par l'intermédiaire des agents diplomatiques helvétiques; mais il ne recueillit guère que des réponses évasives.

Ce fut l'initiative d'une association et de personnages officieux qui vint encore cette fois, comme en 1886-1888, lors de l'intervention du Grütli et de MM. Decurtins et Favon, à l'aide du gouvernement helvétique.

La Fédération ouvrière suisse (*Arbeiter Bund*)

fondée le 10 avril 1887 au Congrès d'Aarau par l'union des syndicats des travailleurs manuels socialistes, radicaux et chrétiens sur l'initiative du Grütli, chargea le 3 avril 1893, au Congrès de Bienne, son Comité central de convoquer un Congrès international pour délibérer sur la protection ouvrière; il devait être ouvert à tous les représentants d'associations de travailleurs, sans distinction de tendances politiques ou religieuses,

à condition que ces représentants considéreraient l'intervention de l'État en faveur de la classe ouvrière comme justifiée, nécessaire, urgente.

Ce Congrès, qui se tint à Zurich du 23 au 28 avril 1887, réunit donc les « interventionnistes » avancés de toutes les écoles; leurs représentants les plus connus parurent comme délégués de syndicats ou d'institutions et groupes poursuivant l'amélioration du sort des ouvriers. L'Allemagne, l'Angleterre, l'Autriche, la Hongrie, la Belgique, l'Espagne, la France, l'Italie, la Russie. la Suisse, y étaient représentées, la Russie également, mais par des exilés[1].

1. Pour les sources, p. 1, note 1, et p. 3, note 2 du présent ouvrage et de plus : *Congrès international pour la Protection ouvrière, tenu à Zurich du 23 au 28 août 1897.* Zurich, Bureau du Grütli, 1897, in-8 (Bibliog., VI). Il n'a pas été publié de rapport après le Congrès.

Dans les délégations allemande, autrichienne, belge, italienne et suisse, socialistes et catholiques sociaux se coudoyaient. Par contre, en France, les socialistes et une partie des syndicats avaient déclaré ne pouvoir se rendre à un congrès admettant les chrétiens; un seul socialiste français y parut, un Lyonnais de la fraction guesdite, la plus fidèle à suivre l'exemple de la démocratie sociale allemande, la moins anti-cléricale. Le Conseil municipal de Paris, radical-socialiste, avait voté des fonds pour envoyer des représentants de syndicats ouvriers, mais le ministère de l'Intérieur annula sa délibération; toutefois, le Gouvernement se fit représenter par un fonctionnaire de l'Office du travail alors rattaché au ministère du Commerce. Au cours du Congrès, un vote caractéristique sur la proposition d'un catholique belge demandant la suppression graduelle du travail des femmes dans l'industrie, motivée sur le principe que la femme est au monde pour avoir une famille et s'y consacrer exclusivement, réunit 98 voix et fut repoussée par 165; la minorité représente les.

Le Musée social, 5, rue Las Cases, Paris, a réuni dans son carton 7 192 (Bibliothèque) tous les documents recueillis par son délégu M. de Seilhac, notamment les compte-rendus des journaux locaux. Le même délégué a donné un compte rendu de ce Congrès dans la *Circulaire* n° 14, série B, du Musée social (15 oct. 1897) intitulée, *Le Congrès de la Protection ouvrière à Zurich.*

catholiques et leurs alliés: la majorité les socialistes et socialisants[1].

Le Congrès traita un programme aussi étendu que celui de Berlin, mais il se borna à entendre des rapports et à adopter des vœux. Entre autres, il vota un vœu présenté par M. Curti, conseiller d'État de Saint-Gall, demandant l'institution d'un Office international pour la protection ouvrière, payé par les divers États, chargé de centraliser les renseignements et de préparer les Congrès; il était aussi un vœu final ainsi conçu :

> Le Congrès international pour la protection ouvrière, tout en reconnaissant les efforts réitérés du Conseil fédéral suisse en vue de l'élaboration d'une législation internationale pour la protection ouvrière, exprime le vœu que ces tentatives soient renouvelées à bref délai, et que le Conseil fédéral y emploie toute son influence. Le Congrès charge son bureau de porter de la façon qu'il jugera le plus convenable ce vœu à la connaissance du Conseil fédéral suisse.

Cette résolution fut adoptée à l'unanimité avec une addition du directeur de la *Gazette de Francfort*, invitant le Conseil fédéral à communiquer aux gouvernements étrangers les résultats du Congrès[2].

1. Le Musée social, *Circulaire citée*, p. 424.
2. *Même circulaire*, p. 434.

L'intérêt de la réunion de Zurich, c'est d'avoir été la première assemblée d'associations ouvrières réunie en faveur de la protection légale; on doit remarquer qu'il fut aussi la dernière. C'était, en effet, comme la suite de la participation des socialistes et ouvriers au pouvoir, inaugurée en Suisse : dans ce pays, l'*Arbeiter Bund*, qui réunissait chrétiens et socialistes, avait été formé afin d'obtenir que la République helvétique fît les frais d'un Secrétariat ouvrier dont le personnel serait élu par le Bund. Acceptée sous cette forme et en Suisse, la participation fut vivement combattue par les socialistes démocrates allemands et leurs disciples de toutes les nations quand elle amena, en France, un socialiste au ministère (juin 1899). Lors du Congrès de 1897 un tel parti-pris d'opposition aux gouvernements « bourgeois » avait pu passer un moment au second plan; mais il devait rendre impossible un nouveau Congrès réuni ailleurs qu'en Suisse allemande, à Zurich, jadis refuge de la démocratie socialiste allemande pendant les persécutions.

D'autre part, le gouvernement fédéral, désireux de faire aboutir les négociations commencées en 1889 avec les gouvernements, préférait voir dans les congrès futurs la représentation officielle prendre le rôle principal au lieu de l'opposition socialiste. Toutes ces causes contribuèrent à faire que l'effort de Zurich produisît seulement des résultats indirects.

CONGRÈS INTERNATIONAL DE LÉGISLA-
TION DU TRAVAIL, BRUXELLES (1897)

Quelques semaines après le Congrès suisse, du
20 au 30 septembre 1897, se tenait à Bruxelles
un autre Congrès international, qui s'intitulait
« Congrès international de législation du travail ».
Les organisateurs étaient des Belges, savoir : 2 catholiques, 1 libéral traditionnel, 1 libéral radical ; à
l'exception du professeur Hector Denis, ils n'admi-
rent point les socialistes belges, opposants à la
constitution monarchique de la Belgique.

La Belgique, le Brésil, l'Espagne, les États-Unis,
la France, le Luxembourg, la Grande-Bretagne, la
Hongrie, les Pays-Bas, le Portugal, la Roumanie,
la Russie, la Suède, se firent représenter à ce congrès. Quelques délégués de Berlin y reparurent,
et parmi eux, M. de Berlepsch, ministre d'État en
Prusse, qui avait présidé la conférence de 1890.
Mais la majorité se composa de délégués qui
n'étaient ni diplomates, ni fonctionnaires officiel-

lement envoyés. Toutefois, le Congrès se donna comme voulant continuer l'œuvre tentée à Berlin en 1890 [1].

Son programme consistait à étudier « quelles modifications la législation protectrice des ouvriers a subies dans chaque pays depuis la Conférence de Berlin ». L'assemblée devait se borner à entendre et discuter des rapports de fait sur la situation, dans chaque pays, sans prendre aucune résolution [2]. On ne peut donc relever aucun vote caractéristique indiquant la division des partis. On sait seulement que les partisans de l'intervention étaient, en majorité, des catholiques, auxquels on doit ajouter le groupe des fonctionnaires allemands ; enfin, que les partisans du « laissez-faire », comme MM. Yves Guyot et Louis Strauss, y prirent part, surtout dans les délégations française et belge, et y jouèrent un rôle, bien qu'en minorité évidente. Ils se déclarèrent opposés à la création d'un bureau

1. *Congrès international de la Législation du Travail*, tenu à Bruxelles du 27 au 30 septembre 1897. *Rapports et compte rendu analytique des séances publiés par le Bureau de la Commission d'organisation*, Bruxelles, 1898, in-8 (Bibliog., VII), pp. 8-9.

Le Musée social a réuni une série de documents sur ce Congrès dans le carton 7.495 de ses archives. Il en a publié un compte rendu fait par M. de Seilhac, qui y assistait, dans sa *Circulaire*, n° 19, série A (30 novembre 1897), intitulée *Congrès de la Législation du Travail*, tenu à Bruxelles, du 27 au 30 septembre 1897.

- 2. *Congrès intern. de la Lég. du Tr.*, p. 8 (Règlement, art. 110).

international de statistique du travail, mise à la
fin de l'ordre du jour, rapportée par M. Waxweiler,
Belge partisan de l'intervention, et défendue par
l'un des rares socialistes participant au Congrès,
le professeur et député belge Hector Denis[1].

Le groupe allemand, composé de fonctionnaires
favorables à l'intervention, s'était, dans une réunion à part, déclaré favorable au projet pourvu
que les attributions du Bureau demeurassent exclusivement statistiques, et que le siège fût établi dans
un pays neutre[2]. Bien que la Belgique s'indiquât,
les Allemands paraissaient préférer la Suisse.

Comme le précédent, le Congrès de Bruxelles.
n'eut point de successeur.

1. *Congrès international de la Législation du Travail*, Bruxelles,
p. 9, 7º question; pp. 399-406, rapport Waxweiler (intitulé par
erreur « sur la 6º question »), pp. 718-723, discussion.
2. *Sociale Praxis*, 7 oct. 1897 (par un délégué), trad. fr., annexée
à la *Circulaire* citée du Musée social, pp. 437-442.

CONVENTIONS FRANCO-BELGES

relatives aux Caisses d'Épargne (1882-1897).

Avant les premières tentatives officielles pour préparer une législation internationale du travail, la France conclut avec la Belgique une convention de prévoyance sociale (1882) qui, tout d'abord, passa inaperçue, mais qui devait plus tard servir de modèle à des arrangements plus remarqués.

Il s'agissait simplement alors de permettre aux nationaux des deux pays de déposer à leur volonté leurs économies dans les Caisses d'épargne nationales belge ou française, et de les transférer, sans frais de l'une à l'autre. La Caisse d'épargne postale nationale venait d'être, en France, juxtaposée aux caisses locales par la loi du 8 avril 1881 [1]; elle existait depuis le 1er janvier 1882.

1. Ministère du Commerce (actuellement, Ministère du Travail et de la Prévoyance sociale). *Les Caisses d'épargne (Législation et statistique)*, 1903, in-8, pp. 8-11.

Au recensement de 1881, on comptait en France 432 265 Belges dont 229 745 hommes et 202 520 femmes ; en 1880, 51 089 personnes nées en France avaient été recensées en Belgique[1].

Comme la France n'a qu'une faible émigration, que la Belgique, au contraire, fournit à sa voisine de nombreux travailleurs résidents ou saisonniers, qu'en raison de la natalité beaucoup plus forte et du taux inférieur des salaires en Belgique, l'immigration doit continuer à se faire de ce pays en France, l'avantage matériel de la convention revenait surtout à la Belgique, et l'on ne s'étonnera point que la demande vînt d'elle. En l'accueillant, la France s'assurait un bénéfice moral que son gouvernement ne crut point négligeable, en raison des bonnes relations qui ont toujours uni les deux États contractants, et aussi parce que l'accord venait onze ans après le traité de Francfort et au moment où se formait la Triple Alliance. C'est donc en auxiliaire de la diplomatie propre que la prévoyance sociale apparaît dans ce traité.

---

1. Ministère du Commerce (actuellement Ministère du Travail et de la Prévoyance sociale). Service de la Statistique générale. *Résultats statistiques du dénombrement de 1881. France et Algérie.* Paris, 1881, in-8, p. 110, 114 et 118. — *Annuaire statistique de la Belgique*, Bruxelles, 1884, in-8, p. 73. — Ces publications ne donnent pas de divisions par professions.

Le premier arrangement fut conclu par voie diplomatique et approuvé par décret.

De même que la loi française du 9 avril 1881 établissant la Caisse d'épargne postale avait rendu l'arrangement possible, de même la loi française du 29 juillet 1895 abaissant de 2 000 francs à 1 500 francs le maximum de dépôt pour les individus[1] conduisit à l'amender. On prit cette occasion d'apporter un autre remaniement que la pratique avait suggéré. La franchise fut étendue aux livrets, afin que la Caisse française pût, suivant son règlement, les faire vérifier chaque année sans frais pour les titulaires. Enfin, la Caisse d'épargne nationale de Belgique, si elle trouve abri dans les locaux postaux, n'est point, comme en France, administrée par le service des postes. Elle recourait, il est vrai, à cette administration pour correspondre en franchise avec la Caisse française. Mais les postes belges, surchargées, demandèrent que la caisse de leur pays correspondît directement avec celle de France. Or la Convention postale universelle, dans son article 11, n'accorde la franchise qu'aux administrations des postes; pour faire bénéficier la caisse belge de cet avantage, l'appro-

1. *Les Caisses d'épargne* (Recueil cité, pp. 25, n° 1), p. 11-17 (art. 4).

bation du Parlement devenait nécessaire; il fallut donc remanier l'arrangement et en rédiger la seconde édition sous forme de loi. Le nouveau texte fut établi par des représentants des deux États le 4 mars 1897. Mis en projet de loi, il fut présenté à la Chambre française le 28 mai 1897 avec un exposé indiquant brièvement les motifs ci-dessus, par M. Henry Boucher, Ministre du Commerce, qui avait dans ses attributions la Prévoyance sociale, passée depuis 1906 au Ministère du Travail, et par le Ministre des Affaires étrangères, M. Hanotaux.

Renvoyé à la Commission du Budget, comme touchant à une source de recettes, les tarifs postaux, le projet fut rapporté favorablement le 21 juin 1897 par M. Camille Fouquet. Transmis au Sénat, et soumis à l'examen de la Commission des Finances de cette assemblée, il fut adopté sans discussion après un court rapport de M. Monestier le 17 juillet 1897[1]. Les ratifications furent échangées à Paris le 26 août suivant. Enfin la promulgation eut lieu à Paris et à Bruxelles le 6 septembre 1897.

---

1. *Journal officiel*, 1887. *Documents parlementaires. Chambre.* Annexe, n° 2459, pp. 1292-1293; n° 2543, pp. 1437. — *Chambre des Députés, Débats*, t. 1, janvier-juin, pp. 1662-1663. *Sénat. Débats*, pp. 1186-1887.

DÉCRET QUI APPROUVE L'ARRANGEMENT RELATIF AUX CAISSES D'ÉPARGNE POSTALES, SIGNÉ, LE 31 MAI 1882, ENTRE LA FRANCE ET LA BELGIQUE (DU 12 JUIN 1882[1]).

Le Président de la République Française,
Sur la proposition du Président du Conseil, Ministre des Affaires étrangères,

Décrète :

ARTICLE I

Un Arrangement ayant été signé le 31 mai 1882, entre la France et la Belgique, pour assurer des facilités nouvelles aux déposants à la Caisse d'épargne postale de France et à la Caisse générale d'épargne et de retraite de Belgique le dit arrangement, dont la teneur suit, est approuvé et sera inséré au *Journal officiel*.

ARRANGEMENT.

Le Gouvernement de la République Française et le Gouvernement de S. M. le Roi des Belges, désirant assurer des facilités nouvelles aux déposants à la Caisse d'épargne postale de France et à la Caisse générale d'épargne et de retraite de Belgique.

Sont convenus de ce qui suit :

ARTICLE 1. — Les fonds versés à titre d'épargne, soit à la Caisse d'épargne postale de France, soit à la Caisse générale d'épargne et de retraite de Belgique, pourront, sur la demande des intéressés, et jusqu'à concurrence d'un maximum de 2 000 francs, être transférés sans frais, de l'une des caisses dans l'autre, et réciproquement, par l'entremise des Administrations des Postes des deux pays contractants.

Les demandes de transferts internationaux seront reçues

1. Promulgué au *Journal officiel* du 14 juin 1882. *Partie officielle*, 3ᵉ trim., 1882, pp. 3137-38. *Moniteur belge* du 14 juillet 1882, p. 2689.

en France et en Belgique, dans tous les bureaux de postes ou agences chargés, dans ces pays, du service de la Caisse d'épargne postale.

Les fonds transférés seront, notamment en ce qui concerne le taux et le calcul des intérêts, des conditions de remboursement, d'achat de rente ou d'acquisition de carnets de rentes viagères, soumis aux lois, décrets, arrêtés et règlements régissant le service de l'Administration dans la caisse de laquelle ces fonds auront été transférés.

ART. 2. — Les personnes affiliées à la Caisse d'épargne postale de France ou à la Caisse générale d'épargne et de retraites de Belgique, pourront obtenir, sans frais, par l'entremise des administrations postales des deux pays, le remboursement, dans l'un de ces pays, des sommes déposées par eux à la Caisse d'épargne de l'autre pays.

Les demandes de remboursement internationaux pourront, d'un point quelconque de l'un des deux pays, être adressées par l'intéressé à l'administration centrale détentrice de ces fonds dans l'autre pays. Ces demandes, rédigées par l'intéressé au moyen de formules spéciales mises à la disposition du public, seront déposées par lui, entre les mains du chef de bureau ou du receveur des postes de résidence, qui les fera parvenir, en franchise de port, à l'administration centrale détentrice des fonds.

Les ordres de remboursement auxquels donneront lieu ces demandes seront payables seulement dans les établissements de postes ou autres chargés du service de la Caisse d'épargne.

ART. 3. — Chaque administration se réserve le droit de rejeter les demandes de transferts ou de remboursements internationaux qui ne rempliraient pas les conditions exigées par ses règlements intérieurs.

ART. 4. — Les sommes transférées d'une caisse dans l'autre porteront intérêt, à charge de l'administration primitivement détentrice des fonds, jusqu'à la fin du mois pendant lequel cette demande s'est produite, et à charge de l'administration qui accepte le transfert, à partir du premier jour du mois suivant.

Art. 5. — Il sera établi, à la fin de chaque mois, par chacune des deux administrations des postes de France et de Belgique, un décompte des sommes qu'elles se doivent respectivement du chef des opérations faites pour le service de la Caisse d'épargne en vertu des dispositions du présent arrangement, et après vérification contradictoire de ces décomptes, l'administration reconnue débitrice se libérera dans le plus court délai possible, envers l'autre administration, au moyen de traites sur Paris ou sur Bruxelles.

Art. 6. — Les administrations des postes de France et de Belgique arrêteront, d'un commun accord, les mesures de détail et d'ordre nécessaires pour l'exécution du présent arrangement.

Art. 7. — Chaque partie contractante se réserve la faculté, dans le cas de force majeure ou de circonstances graves, de suspendre le service des transferts et des remboursements internationaux.

Avis devra en être donné à l'administration correspondante par la voie diplomatique.

L'avis fixera la date à partir de laquelle le service international cessera de fonctionner.

Art. 8. — Le présent arrangement aura force et valeur à partir du jour dont les offices postaux dans les deux pays conviendront, dès que la promulgation en aura été faite d'après les lois particulières à chacun des deux États, et il demeurera obligatoire jusqu'à ce que l'une des deux parties contractantes ait annoncé à l'autre, six mois au moins à l'avance, son intention d'en faire cesser les effets.

Pendant ces six derniers mois, l'arrangement continuera d'avoir son exécution pleine et entière, sans préjudice de la liquidation et du solde des comptes entre les administrations des postes des deux pays, après l'expiration dudit terme.

En foi de quoi, les soussignés, Président du Conseil, Ministre des Affaires étrangères de la République Française, et Envoyé extraordinaire et Ministre plénipotentiaire de Sa Majesté le Roi des Belges à Paris, dûment autorisés, ont signé le présent arrangement et y ont apposé le sceau de leurs armes.

Fait à Paris, en double original, le 31 mai 1882.

Signé : C. de FREYCINET.

Signé : BEYENS.

ARTICLE II

Le Président du Conseil, Ministre des Affaires étrangères, et le Ministre des Postes et Télégraphes sont chargés, chacun en ce qui le concerne, de l'exécution du présent décret.

Fait à Paris, le 12 juin 1882.

Signé : JULES GRÉVY.

Le Président du Conseil,
Ministre des Affaires étrangères,
Signé : C. DE FREYCINET.

DÉCRET QUI PROMULGUE LA CONVENTION SIGNÉE A PARIS, LE 4 MARS 1897, ENTRE LA FRANCE ET LA BELGIQUE, CONCERNANT L'EXÉCUTION DU SERVICE DE LA CAISSE D'ÉPARGNE ENTRE LES DEUX PAYS (DU 6 SEPTEMBRE 1897)[1].

Le Président de la République Française,

Sur la proposition du Ministre des Affaires Étrangères et du Ministre du Commerce, de l'Industrie, des Postes et des Télégraphes.

Décrète :

ARTICLE I

Le Sénat et la Chambre des députés ayant approuvé la

---

1. Promulgué au *Journal officiel*, du 8 septembre 1897. *Partie officielle*, pp. 5103-4. — *Moniteur belge*, des 6-7 sept. 1897, p. 3409. Ici le signe * indique les principales modifications.

convention signée à Paris, le 4 mars 1897, entre la France
et la Belgique, concernant l'exécution du service de la
Caisse d'épargne entre les deux pays, et les ratifications
de cet acte ayant été échangées à Paris, le 26 août 1897,
ladite Convention, dont la teneur suit, recevra sa pleine et
entière exécution.

CONVENTION.

Le Gouvernement de la République Française et le Gouvernement de Sa Majesté le Roi des Belges, ayant jugé
utile d'apporter des modifications de détail à l'arrangement conclu entre les deux pays, le 31 mai 1882, pour
assurer des facilités aux déposants à la Caisse nationale
d'épargne de France et aux déposants à la Caisse générale
d'épargne et de retraite de Belgique, ont résolu de substi-
tuer audit arrangement la convention dont la teneur suit :

*ARTICLE 1. — Les fonds versés à titre d'épargne, soit à la
Caisse nationale d'épargne de France, soit à la Caisse générale d'épargne et de retraite de Belgique, pourront, sur
la demande des intéressés et jusqu'à concurrence d'un
maximum de mille cinq cents francs (1 500 fr.) être transférés, sans frais, de l'une des caisses dans l'autre, et réciproquement.

Les demandes de transferts internationaux seront reçues
en France et en Belgique, dans tous les bureaux de poste
ou agences chargés, dans ces pays, du service de la Caisse
d'épargne.

Les fonds transférés seront, notamment en ce qui concerne le taux et le calcul des intérêts, les conditions de
remboursement, d'achat et de revente de rente ou d'acquisition de carnets de rentes viagères, soumis aux lois,
décrets, arrêtés et règlements régissant le service de
l'administration dans la caisse de laquelle ces fonds auront
été transférés.

ART. 2. — Les titulaires de livrets de la Caisse nationale
d'épargne de France, ou de la Caisse générale d'épargne et

de retraite de Belgique pourront obtenir, sans frais, le remboursement, dans l'un de ces pays, des sommes déposées par eux à la Caisse d'épargne de l'autre pays.

Les demandes de remboursements internationaux, rédigées sur des formules spéciales mises à la disposition du public, seront déposées par les intéressés entre les mains du chef de bureau ou du receveur des postes de leur résidence, qui les fera parvenir en franchise de port à la Caisse d'épargne détentrice des fonds.

*Les remboursements seront effectués en vertu d'ordres de paiement qui ne pourront excéder mille cinq cents francs (1 500 fr.) chacun. Toutefois, jusqu'au 31 décembre 1900, chaque ordre de paiement pourra atteindre le chiffre de deux mille francs (2 000 fr.)

Les ordres de remboursement seront payables seulement dans les établissements de poste ou autres chargés du service de la Caisse d'épargne. Ils seront adressés directement et en franchise de port, par la Caisse d'épargne qui les aura délivrés, aux bureaux désignés pour le paiement.

ART. 3. — Chaque administration se réserve le droit de rejeter les demandes de transferts ou de remboursements internationaux qui ne rempliraient pas les conditions exigées par ses règlements intérieurs.

ART. 4. — Les sommes transférées d'une caisse dans l'autre porteront intérêt, à charge de l'administration primitivement détentrice des fonds, jusqu'à la fin du mois pendant lequel cette demande s'est produite, et à charge de l'administration qui accepte le transfert à partir du premier jour du mois suivant.

ART. 5. — Il sera établi, à la fin de chaque mois, par la Caisse nationale d'épargne de France et par la Caisse générale d'épargne et de retraite de Belgique, un décompte des sommes qu'elles se doivent respectivement, du chef des opérations faites pour le service de la Caisse d'épargne, et, après vérification contradictoire de ces décomptes, la Caisse reconnue débitrice se libérera, dans le plus bref délai possible, envers l'autre Caisse, au moyen de traites ou de chèques sur Paris ou sur Bruxelles.

*ART. 6. — La Caisse d'épargne de chacun des pays contractants pourra correspondre directement et en franchise, par la voie postale, avec la caisse de l'autre pays.

*ART. 7. — Les bureaux de poste des deux pays se prêteront réciproquement concours pour le retrait des livrets à régler ou à vérifier.

L'échange des livrets entre la Caisse d'épargne de chaque pays et les bureaux de poste ou agences de l'autre pays aura lieu en franchise.

ART. 8. — La Caisse nationale d'épargne de France et la Caisse générale d'épargne et de retraite de Belgique, arrêteront, d'un commun accord, après entente avec les administrations des postes des deux pays, les mesures de détail et d'ordre nécessaires pour l'exécution de la présente Convention.

ART. 9. — Chaque partie contractante se réserve la faculté, dans le cas de force majeure ou de circonstances graves, de suspendre en tout ou en partie les effets de la présente Convention.

Avis devra en être donné à l'administration correspondante par la voie diplomatique.

L'avis fixera la date à partir de laquelle le service intertional cessera de fonctionner.

ART. 10. — La présente Convention aura force de valeur à partir du jour dont les Caisses d'épargne des deux pays conviendront, dès que la promulgation en aura été faite d'après les lois particulières à chacun des deux États, et elle demeurera obligatoire jusqu'à ce que l'une des deux parties contractantes ait annoncé à l'autre, six mois au moins à l'avance, son intention d'en faire cesser les effets. Pendant les six derniers mois, la Convention continuera d'avoir son exécution pleine et entière, sans préjudice de la liquidation et du solde des comptes entre les Caisses d'épargne des deux pays après l'expiration dudit terme.

ART. 11. — La présente Convention sera ratifiée et les ratifications seront échangées à Paris aussitôt que faire se pourra.

En foi de quoi, les plénipotentiaires : le Ministre des Affaires étrangères de la République Française, d'une part, et l'Envoyé extraordinaire, Ministre plénipotentiaire de Sa Majesté le Roi des Belges, d'autre part, ont signé la présente Convention, qu'ils ont revêtue de leurs cachets.

Fait à Paris, en double exemplaire, le 4 mars 1897.

Signé : G. HANOTAUX.

Signé : Baron d'ANETHAN.

ARTICLE II

Le Ministre des Affaires étrangères et le Ministre du Commerce, de l'Industrie, des Postes et des Télégraphes sont chargés, chacun en ce qui le concerne, de l'exécution du présent décret.

Fait à Paris, le 6 septembre 1897.

Signé : Félix FAURE.

Le Ministre du Commerce, de l'Industrie,
   des Postes et des Télégraphes,
    Signé : Henry BOUCHER.

       Le Ministre des Affaires étrangères,
        Signé : G. HANOTAUX.

CONVENTION FRANCO - ITALIENNE

du 15 avril 1904,

CONGRÈS DE PARIS, 1900.
L'ASSOCIATION INTERNATIONALE
POUR LA PROTECTION LÉGALE DES TRAVAILLEURS

On peut faire remonter la série des réalisations effectives au mouvement qui commence à Paris en l'année 1900, sous l'influence de deux causes; la présence d'un socialiste, M. Millerand, au Ministère du Commerce qui avait, à cette époque, dans ses attributions l'Assurance et la Prévoyance sociales, — et, d'autre part, les efforts faits à l'occasion de l'Exposition pour réunir à Paris un Congrès international de la protection légale des travailleurs, efforts qui aboutirent à la création d'une association permanente.

La première déclaration officielle fut faite au

Sénat lors d'une discussion sur un projet de loi, présenté par M. Millerand, Ministre du Commerce, dans les services duquel figurait alors la Direction du Travail. Ce projet, complétant la loi du 2 novembre 1892 qui réduit à dix heures la journée de travail des femmes et des enfants, ramenait à onze heures immédiatement, à dix heures et demie en 1902, à dix en 1904 la journée dans les ateliers mixtes où des hommes adultes sont employés en même temps que les femmes et les enfants. Le projet Millerand fut adopté le 30 mars 1900. Au cours de la discussion, le 26 mars, M. Waddington, sénateur, président de la Commission supérieure du Travail, prononça les paroles suivantes :

Messieurs, je vous le répète, les mesures que l'on vous propose aujourd'hui nous donnent une avance considérable sur toutes les nations européennes en ce qui concerne le personnel féminin et enfantin. Pour les femmes et les enfants, vous pourrez obtenir satisfaction en provoquant l'entente internationale, et, j'en ai le ferme espoir, notre exemple sera suivi.

Encore une fois, la réduction que prévoit la loi ne sera acceptée que si vous obtenez une entente avec les pays voisins et surtout si vous mettez fin à toute cette organisation, du travail dont je vous dénonçais tout à l'heure les abus et les inconvénients.

. . . .

Si ces deux conditions-là se réalisent, le Gouvernement, le Sénat, pourront se vanter d'avoir accompli une réforme

qui aura amélioré le sort d'une partie notable de la population ouvrière de la France, sans porter atteinte aux intérêts
essentiels de l'industrie française.

**M. Millerand, ministre du Commerce, fit la
réponse qui suit :**

Une autre suggestion que je suis heureux de relever dans
le discours de M. Waddington, c'est celle qu'il a adressée
au Gouvernement en lui demandant de vouloir bien examiner s'il ne serait pas possible et convenable de prendre
l'initiative d'une conférence analogue à celle qui s'est
tenue il y a neuf ans et qui, si elle n'a pas produit tous les
résultats qu'on était en droit d'en attendre, n'en a pas
moins été un exemple excellent. Je recueille ces sugges-
tions, je ne manquerai pas de les transmettre à mes collègues et en particulier au Ministre des Affaires étrangères.
M. Waddington sait que, plus que personne, je serais heureux qu'elles pussent être accueillies[1].

Ce ne fut point une conférence officielle, ainsi
que semblaient l'indiquer ces paroles, mais un
congrès de délégués, analogue à tous ceux de
l'Exposition universelle, qui se tint à Paris du 25 au
28 juillet 1900. Les organisateurs comprenaient :
un groupe d'intellectuels chrétiens sociaux formant
la majorité, puis des fonctionnaires et professeurs
tous partisans de l'intervention, auxquels s'adjoi-
gnaient un secrétaire de syndicat ouvrier partisan
de la participation au pouvoir et un conseiller

---

1. *Journal officiel* du 27 mars 1900. *Sénat. Débats*, pp. 171-172.

prud'homme; en somme, sauf ces deux derniers personnages, la droite de Zurich ou la gauche de Bruxelles.

Les organisateurs de ce Congrès, disait la circulaire initiale, ne veulent pas soumettre à une nouvelle discussion contradictoire le principe de l'intervention de la loi dans le contrat de travail. C'est un débat que le Congrès de législation du travail, tenu à Bruxelles en 1897, leur paraît avoir épuisé.

Restreint pour la première fois, le programme se bornait à quatre questions :

Limitation légale de la journée de travail;

Interdiction du travail de nuit;

Inspection du travail;

Union internationale pour la protection légale des travailleurs.

Dans la liste des adhérents se reflètent, à peu de chose près, les tendances des organisateurs, catholicisme social, socialisme de la chaire, avec une pointe de socialisme démocrate réformateur.

L'Autriche, la Belgique, les États-Unis, le Mexique, les Pays-Bas, la Russie, enfin le Gouvernement français se firent officiellement représenter, et le Ministre du Commerce, M. Millerand, vint lui-même ouvrir le Congrès [1].

1. N° VIII, 1°, de la Bibliographie : *Congrès international pour la protection légale des travailleurs*, tenu à Paris, au Musée social, du 25

Dans son discours, le ministre montra les difficultés qui s'élevaient contre la création d'un organe officiel et il encouragea les congressistes à établir « une office international privé du travail ».

Sur le rapport de M. Mahaim, professeur à l'Université de Liège, le 28 juillet 1900, le Congrès adopta le principe et les statuts d'une *Association internationale pour la protection légale des travailleurs*[1] qui devait être une fédération de sections nationales autonomes, avec un bureau central ayant comme président et vice-président deux hommes politiques suisses et installé à Bâle. Reproduits à Paris, les arguments en faveur d'un pays-siège neutre et la préférence pour la Suisse avaient, cette fois, triomphé définitivement.

Dès le début, l'Allemagne, l'Autriche, la Belgique, la France, la Hongrie, les Pays-Bas et la Suisse constituèrent leurs sections, chacune avec son règlement, son budget, ses publications[2].

au 28 juillet 1900. *Rapports et compte rendu analytique des séances.* Paris, 1901, in-8, pp. i-xx et 463-469 (discours de M. Millerand).

1. *Ibid.*, pp. 468, 538, 553 (Rapp. et débat), 557, 560 (Statuts de l'Association internationale).

2. Les séries des publications des sections se trouvent à la Bibliothèque du Musée social, 5, rue Las Cases, Paris. Celles de la section française, *Association nationale française pour la Protection légale des travailleurs,* se publient chez F. Alcan, à Paris. Ce sont des rapports en brochures in-8, de grosseurs différentes, chacune formant un tout. Voir Bibliographie, n°s XI à XVI.

Enfin, le 1ᵉʳ mai 1901, fut constitué à Bâle, avec, pour directeur, un professeur viennois M. Bauer, un Office international du travail chargé de recueillir et de communiquer toutes les informations relatives aux lois ouvrières. Il s'est mis à publier le *Bulletin de l'Office international du Travail*, en allemand et en français, puis aussi en anglais[1].

Voici, pour 1906, la statistique et les divers bureaux de l'association[2] :

BUREAU DE L'ASSOCIATION INTERNATIONALE POUR LA PROTECTION LÉGALE DES TRAVAILLEURS

Siège social : 2, Rebgasse, Bâle (Suisse).

Président : M. le Landamman H. SCHERRER, conseiller national à Saint-Gall.

Vice-président : M. Adrien LACHENAL, ancien conseiller fédéral, député de Genève au Conseil des États Suisses.

Secrétaire général : M. le professeur Etienne BAUER.

L'Association est formée de sections nationales :

1. Le Bulletin donne les lois, décrets, règlements relatifs à la protection des travailleurs ; il est plus complet que l'*Annuaire de la Législation ouvrière*, publié chaque année par l'Office du Travail de Belgique et donnant le texte (en français) de toutes les *lois ouvrières* de l'année, mais il ne paraît pas encore très régulièrement. Voir Bibliographie, nᵒˢ III et IX.

2. *Association nationale française pour la prot. lég. des travailleurs*, (« Manuel » cité à la fin du § XV de la Bibliographie), pp. 17-22.

| | NOMBRE DES MEMBRES | | | |
SECTIONS	1901	1902	1904	1906
I. Allemande	673	980	1 33[illegible]	1 635
II. Autrichienne	182	252	251	294
III. Belge	66	74	77	78
IV. Danoise	—	—	—	97
V. Espagnole	—	—	—	66
VI. Américaine	—	—	—	67
VII. Française	113	134	290	450
VIII. Britannique	—	—	—	140
IX. Hongroise	70	332	335	241
X. Italienne	71	80	80	120
XI. Néerlandaise	175	178	183	198
XII. Suisse	238	243	496	444
Membres directs	20	45	57	27
Total	1 608	2 318	3 040	3 852

Bureaux des Sections.

I. Allemagne.

Gesellschaft für Soziale Reform.

Président : S. Exc. le baron von BERLEPSCH, ancien ministre d'État, Klostergut.

Secrét. Gl. : M. le professeur FRANCKE, Berlin Seebach.

Trésorier : M. E. BERNHARD, ingénieur, Berlin.

II. Autriche.

Oesterreichische Gesellschaft für Arbeiterschutz.

Président : M. le prof. E. von PHILIPPOVICH, conseiller aulique, Vienne.

Secrét. Gl. : Dʳ Karl RENNER, Vienne.

Secrétaire : Dʳ Rud. HERBST, Vienne.

Trésorier : Le chevalier von FURTH, Vienne.

III. Belgique.

Comité belge pour le progrès de la législation du travail.

Président : S. Exc. M. G. COOREMAN, ancien ministre, Gand.

Secrét. Gl. : M. le professeur MAHAIM, Cointe-Liège.

IV. Danemark.

Dansk forening for Arbejderbeskystelse.

Président : Dr L BRAMSEM, conseiller d'État intime, Copenhague.

Vice-président : M. Gustave PHILIPPSEN, conseiller municipal, Copenhague.

V. Espagne.

Section espagnole de l'A. I. P. L. T.

Président : S. Exc. M. Eduardo DATO, ancien ministre, avocat, député, Madrid.

Vice-prés. ; M. Adolfo N. BUYLLA, prof. à l'Univ. d'Oviedo, ch. sect. 3, de l'Inst. Réform. soc.

Secrétaire : M. Pedro SANGNO Y ROS DE OLANO, avocat, publiciste, Madrid.

Vice-prés. : M. Ricardo OYUELOS, publiciste, Madrid.

Trésorier : M. Enrique LLURIA, médecin, publiciste, Madrid.

VI. France.

Association nationale française pour la protection légale des travailleurs.

Président honoraire : M. le prof. Paul CAUWÈS.

Président : M. Alexandre MILLERAND, ancien ministre, député, Paris.

Vice-présidents : M. Ed. BRIAT, secrét. général du Syndicat des ouvriers en instruments de précision, membre du Conseil supérieur du travail et de la Commission supérieure du travail dans l'Industrie.

M. LIÉBAUT, ingénieur, membre du Comité consultatif des arts et manufactures et de la Commission supérieure du travail dans l'Industrie.

Secrétaire général : M. le professeur Raoul JAY, membre du Conseil supérieur du travail, Neuilly-sur-Seine.

Trésorier : M. Léon DE SEILHAC, délégué permanent du Musée Social, Paris.

VII. **Grande-Bretagne**.

British Association for Labour Legislation.

Président : M. le prof. Th. OLIVER, Newcastle-upon-Tyne.
Secrét. : Miss Sophy SANGER, Londres.
Trésorier : M. A. HENDERSON, membre du Parlement, Londres.

VIII. **Hongrie**.

Association hongroise pour la protection des travailleurs.

Président : M. Joseph SZTÉRENYI, secrétaire d'État au Ministère du Commerce, Budapest.
Secrétaire : D\u02b3 Gustav GRATZ, Budapest.

IX. **Italie**.

Section italienne de l'A. I. P. L. T.

Président : M. G. TONOLIO, prof. à l'Université de Pise.
Secrét. Gl. : Le marquis A. BOGGIANO, avocat, Gênes.

X. **Pays-Bas**.

Nederlandsche Vereeniging for wettelike bescherming der Arbeiders.

Président : M. W. H. NOLENS, membre de la IIᵉ Chambre des États-Généraux, Rolduc.
Secrétaire : M. J. HINGST, Amsterdam.
Trésorier : M. D. BOS, membre de la IIᵉ Chambre des États-Généraux, Amsterdam.

XI. **Suisse**.

Association suisse pour l'avancement de la protection internationale des ouvriers.

Président : Le colonel E. FREY, ancien président de la Confédération, Berne.
Secrét. Gl. : M. N. REICHESBERG, professeur à l'Université de Berne.

XII. États-Unis d'Amérique.

American Association for Labor législation.

Président : M. Richard T. ELY, Université de Wisconsin,
 Madison.
Secrétaire : M. A. F. WEBER, Dept. of Labor, Albany.
Trésorier : M. Isaac N. SELIGMAN, New-York.

Office International du Travail.

2, Rebgasse, à Bâle.

Directeur : M. le professeur Et. BAUER.

Le caractère et le rôle de l'Office sont ainsi définis par le
règlement adopté à la deuxième Assemblée générale du
Comité de l'Association tenue à Cologne (26-27 septembre 1902) :

ARTICLE PREMIER. — L'Office international du travail
est un institut scientifique. Il exécute les travaux qui lui
sont imposés par les statuts de l'Association internationale
ou qui lui sont confiés par le Comité de l'Association en
conformité de ces statuts.

Il est astreint à observer en toute circonstance la plus
stricte neutralité politique.

ART. 2. — Tous renseignements sur des questions
relatives à la protection légale des ouvriers sont donnés
gratuitement aux gouvernements, ainsi qu'aux membres
des sections ou aux membres directs de l'Association. Le
montant des rétributions à percevoir pour les renseignements qui peuvent être fournis à d'autres personnes sera
fixé par le Bureau de l'Association internationale.

Les fonctionnaires chargés du service de renseignements sont tenus à une discrétion absolue.

L'Office international du travail ne fera des rapports
pour les assemblées de l'Association internationale que
sur l'ordre du Bureau. Il en fera également sur la

demande d'une section, mais à condition que la majorité des présidents de sections, informés par voie de circulaire, soient favorables à la demande ou ne s'y opposent pas dans un délai déterminé.

L'Office international du travail publie, depuis 1902, en langues française et allemande, depuis 1906 en langue anglaise, un bulletin qui reproduit fidèlement tout le développement de la protection ouvrière. Il contient les textes des lois, des travaux parlementaires, les vœux exprimés par les corporations intéressées au sujet de la législation, des travaux préparatoires faits par les administrations et le monde scientifique. Une analysé des lois, basée principalement sur les rapports parlementaires et les exposés des motifs officiels, renseigne le lecteur sur les origines de la protection ouvrière.

A partir d'un Congrès dit « Assemblée constitutive » tenu à Bâle les 27 et 28 septembre 1901, l'Association internationale réunit des assemblées générales de ses comités à Cologne (26-27 septembre 1902), à Bâle (26-28 septembre 1904), à Genève (27-29 septembre 1906). Là se rencontrèrent, outre les membres ordinaires, et comme délégués des gouvernements, les directeurs et chefs de service qui, dans les différents États de l'Europe occidentale, sont chargés d'appliquer les lois de travail et de prévoyance sociale[1].

1. André Lichtemberger, *l'Association internationale pour la protection légale des Travailleurs et sa section française*, avec historique jusqu'en 1905, in-18, p. 17-21 (n° XV de la Bibliographie).

LA CONVENTION FRANCO-ITALIENNE

Ce furent les réunions de l'Association qui donnèrent aux personnages qu'on vient d'indiquer l'occasion d'engager d'utiles négociations.

Le Gouvernement italien, dont les nationaux vont en fort grand nombre travailler sur le territoire français, désirait, pour les mêmes raisons que le Gouvernement belge, permettre aux Italiens le transfert en Italie de leurs épargnes constituées sur les salaires payés en France. Depuis le recencement français de 1896, les Italiens résidant en France forment la catégorie la plus nombreuse, prenant le premier rang aux Belges qui l'occupaient auparavant. Au recensement de 1901, on comptait en France 206 715 sujets italiens dont 187 911 ouvriers et employés, tandis que le recensement italien de la même année donne seulement 5 033 Français domiciliés et 1 920 de passage en

Italie, sur lesquels on compte 554 ouvriers et employés[1].

On ne s'étonnera donc point que le Gouvernement italien ait cherché à obtenir de la France pour ses nationaux le même avantage que la Belgique. Pour y parvenir, il profita de l'inclination aux réformes sociales que marquaient M. Millerand et ses collaborateurs, et se montra prêt à faire sur ce point des avantages compensateurs au Gouvernement français.

M. Luzzatti, l'homme d'État italien, qui s'est consacré plus particulièrement aux institutions de prévoyance, trouva une nouvelle matière à négociations dans le projet de loi sur les retraites ouvrières mis en discussion depuis 1901 à la Chambre française. Sous sa première forme, ce projet imposait un versement aux ouvriers étrangers travaillant en France comme aux Français, mais il ne leur garantissait pas de pension. Appuyé par plusieurs de ses amis, M. Luzzatti tenta d'obtenir pour ses compatriotes des conditions plus favorables en essayant de faire conclure un traité avant le vote de la loi.

Dans les premiers mois de l'année 1902, à

1. Recensement de 1901, t. IV, pp. 748-758. — *Censimento della Popolazione del Regno d'Italia*, 1901, t. II, p. 376.

une époque où il n'appartenait pas au cabinet,
M. Luzzatti alla rendre visite à M. Barrère, ambassadeur de France à Rome, et dans une conversation
sans caractère officiel, tous deux établirent dans
leurs grandes lignes les conditions éventuelles d'un
traité de travail et de prévoyance entre la France
et l'Italie. L'ambassadeur transmit le compte rendu
de cet entretien au Ministre français des Affaires
étrangères, qui en fit part à son collègue du Commerce, lequel était encore à cette époque M. Millerand, et le Gouvernement français fit connaître à
son ambassadeur qu'il était disposé à accueillir des
ouvertures officielles.

Sur ces entrefaites, le cabinet Waldeck-Rousseau
fut remplacé par le cabinet Combes, et M. Trouillot
succéda à M. Millerand comme Ministre du Commerce. Les négociations ne furent point interrom-
pues, mais elles continuèrent sous la forme offi-
cieuse, au Congrès de l'Association internationale
pour la protection légale des travailleurs, qui se
réunit à Cologne en septembre 1902. M. Luzzati y
vint comme délégué du Gouvernement italien, et
s'y aboucha avec M. Arthur Fontaine, directeur du
Travail, qui représentait le Gouvernement français.

Il s'agissait pour l'Italie de trouver un objet d'é-
change pour le bénéfice qu'elle réclamait. Tout

d'abord M. Luzzatti offrit des avantages commerciaux, mais il ne parut point à M. Fontaine qu'on pût traiter sur des bases entre lesquelles il était difficile d'établir une équivalence exacte; il demanda donc et il obtint qu'en échange de la partie prévoyance, l'Italie fît des concessions sur la protection du travail.

L'échange officieux de propositions continua ainsi pendant plus d'une année, jusqu'au moment où M. Luzzatti devint de nouveau ministre dans le cabinet italien. Cet homme d'État agit alors sur ses collègues et leur fit présenter des demandes plus précises et plus limitées, qui furent soumises au Gouvernement français. Le Ministre des Affaires étrangères, M. Delcassé, et le Ministre du Commerce, M. Trouillot, entrèrent dans les vues du Gouvernement italien [1].

Le 22 mars 1904, on discutait au Sénat français une proposition de M. Waddington relative au travail des femmes et des enfants; il s'agissait de savoir, comme en 1900 [2], si l'on ramènerait à 10 heures la journée de travail pour les hommes adultes employés dans les mêmes ateliers que les

---

1. Public. de l'A. I. P. L. T. (Bibliogr., X), n° 3. *Compte rendu de la 3ᵉ Assemblée générale du Comité... Bâle*, les 26, 27 et 28 septembre 1904, pp. 34-37 (exposé de M. Arthur Fontaine).

2. Voir p. 38 du précédent ouvrage.

femmes et les enfants. Le 30 mars 1900 avait été adoptée la loi Millerand qui opérait cette réduction en deux étapes séparées chacune par un intervalle de deux années. Cette fois, on arrivait au dernier « palier » et M. Waddington faisait une proposition destinée à diminuer la rigueur des dispositions arrêtées et présentait à ce sujet les mêmes observations qu'au début.

Dans un premier exposé des motifs, publié en décembre 1903, M. Waddington s'exprimait ainsi :

Nous faisons remarquer que notre pays se trouve très en avant des législations étrangères qui, s'efforçant surtout de protéger la femme et l'enfant, n'ont imposé aucune restriction à la liberté du travail de l'homme adulte et n'ont fixé, la plupart du temps, que de très larges limites à la durée du travail quotidien de la femme....

... Il n'est pas douteux, que la France — l'Angleterre exceptée — a dépassé de beaucoup, en matière de réglementation du travail, les autres nations industrielles. Si la législation allemande a minutieusement circonscrit le travail de l'enfant et de l'adolescent, elle a laissé l'homme adulte en dehors de toute réglementation et, chez elle, la durée de travail effectif de la femme est de onze heures par jour.

En outre, sont considérés comme adultes les jeunes ouvriers et ouvrières de plus de seize ans. Dans notre législation, au contraire, on n'est adulte qu'à dix-huit ans.

La Belgique est restée bien loin derrière nous. Aux

1. *Journal officiel. Documents parlementaires. Sénat*, 1903. Annexe, n° 364 (séance du 29 décembre 1903), p. 917. (Exposé des motifs de la proposition de M. R. Waddington et plusieurs de ses collègues).

termes de la législation existante, la durée moyenne du travail des catégories protégées (enfants, adolescents, jeunes filles) est de onze heures un quart. La femme au-dessus de vingt et un ans n'est pas protégée.

L'Autriche-Hongrie, l'Italie sont très en arrière également. En Italie, une loi récente, celle du 19 juin 1902, limite à onze heures la durée du travail des ouvriers de plus de quinze ans.

En Amérique, si, dans les États du Nord de l'Union, la durée du travail est en moyenne de soixante heures par semaine, en revanche, dans les États du Sud, centre le plus important au point de vue de la production du coton, la durée hebdomadaire du travail atteint, pour la filature et le tissage, soixante-six et même soixante-douze heures par semaine (V. *Bulletin inspection du travail*, p. 5 et 6).

Si la France est en droit de se féliciter d'avoir devancé la plupart des nations du monde, en matière de législation du travail, il lui faut cependant, dans l'intérêt même de l'industrie — patrons et ouvriers — se préoccuper de la lutte contre les États concurrents.

Nous souhaitons vivement que les principes de la Conférence de Berlin de 1890, sur la réglementation du travail dans l'industrie, passent dans le domaine des faits; mais il est nécessaire, sous peine de nous trouver placés sur un terrain d'infériorité, de donner à la loi de 1900 une souplesse suffisante pour que, sur le palier de dix heures, notre production nationale ne se trouve pas diminuée.

Chargé par la Commission sénatoriale compétente du rapport sur le projet que lui-même et plusieurs de ses collègues avaient présenté, M. Waddington revint sur les mêmes considérations[1].

1. *Journal officiel*, 1904. *Documents parlementaires. Sénat*, p. 148. Annexe n° 65. Séance du 8 mars 1904.

« En fait de législation ouvrière, la France, loin d'avoir été distancée par d'autres nations dans la course humanitaire, peut aujourd'hui revendiquer la première place. Obéissant à la pensée généreuse de venir en aide aux faibles, poussés par le souffle puissant de nos institutions démocratiques, les pouvoirs publics et le Parlement sont entrés à pleines voiles dans la voie des mesures de protection de la population ouvrière. Une simple comparaison de nos lois sur les heures de travail avec celles de nos voisins les plus rapprochés suffira à le démontrer.

En Allemagne, en Angleterre, en Belgique, en Italie, en Espagne, le travail des hommes, tantôt à partir de seize ans, tantôt de dix-huit ans, est absolument libre. Seules, la Suisse et l'Autriche ont limité pour cette catégorie d'ouvriers la journée à onze heures. En France, les adultes âgés de plus de dix-huit ans sont, au point de vue de la loi, divisés en deux classes : la première soumise au régime du décret-loi du 7 septembre 1848, en tant qu'employée dans les usines et manufactures, ne peut dépasser douze heures, la seconde, assimilée depuis la loi du 30 mars 1900 aux enfants et aux femmes quand le travail a lieu dans les mêmes locaux, ne pourra, à partir du 1er avril prochain, être occupée plus de dix heures. Quoique la statistique ne nous renseigne pas sur les forces respectives de ces deux contingents, on est fondé à croire que plus de la moitié des 1 748 000 ouvriers hommes [1] de l'industrie appartiennent au second.

Passons maintenant au personnel féminin et enfantin pour la protection duquel des mesures législatives ont été édictées dans presque tous les pays.

Dans la Grande-Bretagne, la loi impose deux régimes différents : l'industrie textile, dans laquelle sont compris les filatures, tissages, blanchisseries [2], teintures [2] et fabri-

---

1. Dans ce chiffre, les industries extractives ne sont pas comprises.

2. Ces établissements, quoique classés parmi les non textiles,

ques d'impression [1], est astreinte à cinquante-cinq heures
de travail effectif par semaine et à une demi-heure de présence pour nettoyages. L'industrie non textile n'est assu-
jettie qu'à une limite de soixante heures par semaine.
Cette réglementation s'applique aux femmes et aux enfants
âgés de plus de quatorze ans. La majorité des travailleurs
protégés est donc soumise au régime qui sera en vigueur
chez nous dans quelques jours. Autre constatation importante à faire. Depuis 1873, c'est-à-dire dans une période de
trente ans, l'Angleterre n'a réduit la durée du travail que
d'une heure par semaine pour les seules industries
textiles. En France, pendant le même laps de temps, la
durée journalière a été ramenée de douze heures à
dix heures, soit diminuée de douze heures par semaine,
et la réglementation limitée dans le principe aux enfants
a été successivement étendue aux femmes et à plus de la
moitié des hommes adultes.

De la Grande-Bretagne revenant au continent européen,
nous trouvons la différence entre les législations bien plus
marquée. En Belgique, liberté complète pour les hommes
à partir de seize ans et pour les femmes majeures; journée
variant de onze heures un quart jusqu'à douze heures pour
les enfants âgés de plus de douze ans et pour les filles
mineures; en Allemagne, si les enfants de treize à quatorze ans ne font que le demi-temps; si, de quatorze à
seize ans, ils ne sont occupés que dix heures, par contre,
à partir de cet âge, quand ils appartiennent au sexe masculin, ils rentrent dans la catégorie des hommes adultes
et échappent à toute réglementation; le travail des femmes
est fixé à soixante-cinq heures par semaine. En Suisse,
l'horaire est le même que dans l'empire autrichien, onze
heures pour tous les travailleurs âgés de plus de quatorze
ans sans distinction de sexe, pendant cinq jours de la

sont soumis, sauf en ce qui concerne les repos, au même régime
que les usines de l'industrie textile.

1. Voir note 2, p. 54.

semaine, dix heures le samedi, soit, par semaine, soixante-cinq heures. Il est presque superflu de l'ajouter, chez nos autres voisins du midi, l'Italie et l'Espagne, la réglementation du travail est moins avancée que la nôtre. Dans le premier de ces royaumes, l'insuffisance notoire du personnel inspecteur laisse supposer que les quelques mesures votées sont très imparfaitement appliquées.

Nous pourrions en dire autant de la Belgique. Sans doute, dans ce pays, l'inspection fonctionne, fait des rapports et dresse des procès-verbaux, mais il suffit de lire les documents officiels pour se rendre compte du peu d'efficacité de la loi de 1889 et des règlements royaux qui l'ont complétée. Le personnel protégé ne représentant guère que 12 à 15 p. 100 de la population ouvrière, il n'est pas surprenant de voir la marche de l'établissement réglée d'après le maximum possible. C'est ainsi que, dans l'industrie cotonnière et linière, les usines belges ont une production de douze heures alors qu'à quelques kilomètres l'usine française sera limitée à dix heures.

Ce rapide examen nous conduit aux conclusions suivantes :

1º En France, la réglementation atteint une proportion infiniment plus grande des travailleurs que dans tout autre pays du monde;

2º Sauf pour les industries textiles de la Grande-Bretagne, à partir du 1er avril prochain, la durée du travail sera quelquefois égale et dans la majorité des cas notablement inférieure à celle qu'ont adoptée nos voisins et rivaux industriels;

3º Dans la plupart des cas, l'insuffisance de la législation, l'indulgence ou l'impuissance de l'inspection favorisent la production étrangère aux dépens de la nôtre, mettent notre industrie dans un état d'infériorité que compensent à peine les droits de douane et lui créent pour l'exportation des difficultés de plus en plus sérieuses.

En attendant que les États étrangers nous aient rattrapés

dans la voie humanitaire dans laquelle nous sommes entrés si résolument depuis quelques années, ne convient-il pas de donner à une législation, excellente dans ses principes essentiels, mais peut-être trop rigide dans ses détails, l'élasticité qui lui fait défaut et qui devient chaque jour plus indispensable si l'on veut satisfaire aux exigences de la consommation?

A la tribune du Sénat, dans la séance du 22 mars 1904, le ministre du Commerce M. Trouillot fit la réponse que voici :

... C'est très justement que l'honorable M. Waddington, parlant de la répercussion que les législations des divers pays peuvent avoir ici les unes sur les autres, appelait l'attention sur l'intérêt des conventions internationales relatives à la protection des travailleurs.

Je suis heureux de pouvoir dire à M. Waddington que le Gouvernement a marqué son désir d'entrer dans cette voie; qu'en janvier 1904, une conférence a eu lieu à ce sujet à Rome, entre les représentants des Gouvernements français et italien, qu'un projet de convention a été élaboré et que je compte pouvoir le soumettre très prochainement à la délibération du Gouvernement.

Dans la même séance, parlant dans la discussion générale après le Ministre, M. Méline, président de la Commission chargée d'examiner le projet de loi en question, fit l'éloge de la protection douanière qui est son œuvre, déclara que les tarifs douaniers « représentent l'écart qui sépare la production française de la production similaire étrangère ». Il ajouta que, « réglés sur une journée de douze heures

et non pas sur une journée de dix heures », ils sont
« devenus insuffisants ». Il ne proposait pourtant
pas de les élever encore, mais, se ralliant à la solution proposée par M. Waddington, il disait :

> Y a-t-il un remède à cette infériorité que je constate vis-
> à-vis de l'étranger? Oui, il y en a un, et M. le Ministre y
> faisait allusion tout à l'heure : il est bien simple et il est
> excellent : malheureusement, on ne l'a pas employé jus-
> qu'à présent. Il consiste à obliger nos concurrents à faire
> comme nous, à ne pas leur faire de cadeau gratuit et à
> ne diminuer les heures de travail chez nous que quand ils
> voudront bien s'engager à suivre notre exemple. Au lieu
> d'être les don Quichotte de la réduction du travail, nous
> avons voulu marcher tout seuls et personne ne nous a suivis.

Enfin, M. Méline, retraçant les tentatives faites
pour établir une législation internationale du travail depuis le Congrès de Berlin de 1890 jusqu'aux
déclarations de M. Millerand en 1900 (p. 39 du présent ouvrage), concluait ainsi :

> Je crois, Messieurs, après toutes ces lectures, avoir le
> droit de dire que, si la loi de 1900 a été votée, c'est sous
> des conditions qui, malheureusement, n'ont pas été réa-
> lisées; dans la pensée de beaucoup de ceux qui l'ont
> acceptée, il était entendu qu'on ne passerait pas de la journée
> de douze heures à celle de dix heures sans provoquer la
> réunion d'une conférence internationale dans laquelle la
> question serait traitée. J'ai le regret de dire que rien, abso-
> lument rien n'a été fait, et c'est ainsi que nous sommes
> acculés à l'application rigoureuse de la loi de 1900.

On a vu que le Ministre du Commerce avait par
avance répliqué à M. Méline. Il n'ajouta rien aux

paroles plus haut reproduites, et les événements ne tardèrent point à les confirmer.

En effet M. Arthur Fontaine, directeur du Travail, fut envoyé officiellement à Rome pour seconder M. Barrère, ambassadeur de la République Française, dans l'établissement du projet de traité, qui prit sa forme définitive peu de jours après la déclaration du Ministre français au Sénat.

1. *Journal officiel* du 23 mars 1904. *Débats. Sénat*, séance du 22 mars 1904, pp. 345, 346-7, 348, 349.

Convention.

Le Président de la République Française et Sa Majesté le
Roi d'Italie désirant, par des accords internationaux,
assurer à la personne du travailleur des garanties de
réciprocité analogues à celles que les traités de commerce
ont prévu pour les produits du travail, et particulièrement :
1° faciliter à leurs nationaux travaillant à l'étranger la
jouissance de leurs épargnes et leur ménager le bénéfice
des assurances sociales; 2° garantir aux travailleurs le
maintien des mesures de protection déjà édictées en leur
faveur et concourir au progrès de la législation ouvrière,
ont résolu de conclure, à cet effet, une Convention et ont
nommé pour leurs plénipotentiaires :

Le Président de la République française,

Son Excellence M. Camille Barrère, ambassadeur de
France près de Sa Majesté le Roi d'Italie;

M. Arthur Fontaine, directeur du Travail au ministère du
Commerce, de l'Industrie, des Postes et des Télégraphes
de France;

Sa Majesté le Roi d'Italie,

Son Excellence M. Tommaso Tittoni, son Ministre des
Affaires étrangères;

Son Excellence M. Luigi Luzzatti, son Ministre du Trésor;

1. *Bulletin de l'Office du Travail*, Paris, juin 1904, pp. 518-521.

Son Excellence M. Luigi Rava, son Ministre de l'Agriculture, de l'Industrie et du Commerce;

Son Excellence M. le comte Enrico Stelluti Scala, son Ministre des Postes et des Télégraphes;

Lesquels, après avoir échangé leurs pleins pouvoirs, trouvés en bonne et due forme, sont convenus des articles suivants :

ARTICLE PREMIER. — Des négociations seront engagées à Paris, après la ratification de la présente Convention, pour la conclusion d'arrangements fondés sur les principes énoncés ci-après et destinés à régler le détail de leur application, — exception faite pour l'arrangement relatif à la Caisse nationale d'épargne de France et à la Caisse d'épargne postale d'Italie, prévu sous le paragraphe *a*) ci-dessous, qui sera annexé à la Convention.

a) Les fonds versés à titre d'épargne, soit à la Caisse nationale d'épargne de France, soit à la Caisse d'épargne postale d'Italie, pourront, sur la demande des intéressés, être transférés sans frais de l'une des caisses à l'autre, chacune de ces caisses appliquant aux dépôts ainsi transférés les règles générales qu'elle applique aux dépôts effectués chez elle par les nationaux.

Un régime de transfert, sur des bases analogues, pourra être institué entre diverses Caisses d'épargne privées de France et d'Italie, ayant leur siège dans de grandes agglomérations industrielles ou dans des villes frontières. Sans comporter la gratuité absolue des transferts, ce régime stipulera le concours des administrations postales, soit gratuit, soit à tarif réduit.

b) Les deux gouvernements faciliteront, par l'entremise tant des administrations postales que des caisses nationales, le versement des cotisations des Italiens résidant en France à la Caisse nationale de prévoyance d'Italie et des Français résidant en Italie à la Caisse nationale des retraites de France. Ils faciliteront, de même, le payement en France des pensions acquises, soit par des Italiens, soit par des Français, à la Caisse nationale italienne, et réciproquement.

c) L'admission des ouvriers et employés de nationalité italienne à la constitution de retraites de vieillesse, et peut-être d'invalidité, dans le régime général des retraites ouvrières actuellement élaboré par le Parlement français, ainsi que la participation des ouvriers et employés de nationalité française au régime des retraites ouvrières en Italie, seront réglées aussitôt après le vote de dispositions législatives dans les pays contractants.

La part de pension correspondant aux versements de l'ouvrier ou employé, ou aux retenues faites sur son salaire, lui sera acquise intégralement.

En ce qui concerne la part de pension correspondant aux contributions patronales, il sera statué par l'arrangement, dans des conditions de réciprocité.

La part de pension à provenir éventuellement de subventions budgétaires sera laissée à l'appréciation de chaque État et payée sur ses ressources à ses nationaux ayant acquis une retraite dans l'autre pays.

Les deux États contractants faciliteront, par l'entremise tant des administrations postales que de leurs Caisses de retraite, le payement en Italie des pensions acquises en France et réciproquement.

Les deux gouvernements étudieront, pour les ouvriers et employés ayant travaillé successivement dans les deux pays pendant des périodes minima à déterminer, sans remplir dans aucun des deux les conditions requises pour les retraites ouvrières, un régime spécial d'acquisition de retraite.

d) Les ouvriers et employés de nationalité italienne, victimes en France d'accidents par le fait ou à l'occasion du travail, ainsi que leurs représentants résidant en France, auront droit aux mêmes indemnités que les Français, et réciproquement.

Les Italiens bénéficiaires de rentes cessant de résider en

France, ainsi que les représentants de la victime qui ne résidaient pas en France au moment de l'accident, auront droit à des indemnités à déterminer. Les capitaux constitutifs de ces indemnités, évalués d'après un tarif annexé à l'arrangement, pourront être versés à la Caisse nationale italienne de prévoyance, à charge par elle d'assurer le service des rentes. La Caisse nationale italienne d'assurance contre les accidents du travail acceptera également, suivant tarif conventionnel, pour le risque d'indemnité aux représentants ne résidant pas en France, des ouvriers italiens victimes d'accidents, les réassurances des assureurs français désireux de se décharger éventuellement de toutes recherches et démarches à cet égard. Des avantages équivalents seront réservés, par réciprocité, pour les Français victimes d'accidents du travail en Italie.

e) L'admission des ouvriers et employés italiens, en France, à des institutions d'assurances ou de secours contre le chômage subventionnées par les pouvoirs publics, l'admission des ouvriers et employés français, en Italie, aux institutions de même nature, seront réglées, le cas échéant, après le vote dans les deux pays de dispositions légales relatives à ces institutions.

f) Les arrangements prévus au présent article seront conclus pour une durée de cinq années. Les deux parties contractantes devront se prévenir mutuellement, une année à l'avance, si leur intention est d'y mettre fin à l'expiration de ce terme. A défaut d'un tel avis, l'arrangement sera prorogé d'année en année, pour un délai d'un an, par tacite reconduction.

ART. 2. — *a*) Les deux Gouvernements détermineront, pour éviter les erreurs ou les fausses déclarations, la nature des pièces à présenter aux consulats italiens par les jeunes Italiens embauchés en France ainsi que la forme des certificats à fournir aux mairies par lesdits consulats, avant délivrance aux enfants des livrets prescrits par la législation sur le travail des enfants. Les inspecteurs du travail se feront représenter les certificats à chaque visite; ils retireront les livrets indûment détenus.

b) Le Gouvernement français organisera des comités de patronage comprenant, autant que possible, des Italiens parmi leurs membres, pour les régions industrielles où seront employés en grand nombre de jeunes Italiens logés en dehors de leurs familles par des intermédiaires.

c) Les mêmes mesures seront prises pour la protection des jeunes ouvriers français en Italie.

ART. 3. — Au cas où l'initiative serait prise par l'un des deux États contractants ou par un des États avec qui ils entretiennent des relations diplomatiques, de convoquer divers Gouvernements à une conférence internationale dans le but d'unifier, par des conventions, certaines dispositions des lois protectrices des travailleurs, l'adhésion de l'un des deux Gouvernements au projet de conférence entraînerait, de la part de l'autre Gouvernement, une réponse favorable en principe.

ART. 4. — Au moment de signer cet accord, le Gouvernement italien prend l'engagement de compléter l'organisation dans tout le royaume, et plus particulièrement dans les régions où le travail industriel est développé, d'un service d'inspection fonctionnant sous l'autorité de l'État et offrant, pour l'application des lois, des garanties analogues à celles que présente le service de l'inspection du travail en France.

Les inspecteurs feront observer les lois en vigueur sur le travail des femmes et des enfants et notamment les prescriptions qui concernent : 1° l'interdiction du travail de nuit; 2° l'âge d'admission au travail dans les ateliers industriels; 3° la durée du travail journalier; 4° l'obligation du repos hebdomadaire.

Le Gouvernement italien s'engage à publier un rapport annuel détaillé sur l'application des lois et règlements relatifs au travail des femmes et des enfants. Le Gouvernement français prend le même engagement.

Le Gouvernement italien déclare en outre qu'il a l'intention de mettre à l'étude et de réaliser graduellement la réduction progressive de la durée du travail journalier des femmes dans l'industrie.

ART. 5. — Chacune des deux parties contractantes se réserve la faculté de dénoncer à toute époque la présente convention et les arrangements prévus à l'article 1er, en faisant connaître son intention un an d'avance, s'il y a lieu de reconnaître que la législation relative au travail des femmes et des enfants n'a pas été respectée par l'autre partie, sur les points énoncés spécialement à l'article 4, alinéa 2, faute d'une inspection suffisante, ou par suite de tolérances contraires à l'esprit de la loi, ou que le législateur aura diminué sur les mêmes points la protection édictée en faveur des travailleurs.

ART. 6. — La présente Convention sera ratifiée et les ratifications seront échangées à Rome aussitôt que possible.

En foi de quoi, les plénipotentiaires ont signé la présente Convention et y ont apposé leurs cachets.

Fait à Rome, en double expédition, le 15 avril 1904.

(Suivent les signatures.)

Protocole.

Au moment de procéder à la signature de la Convention en date de ce jour, les plénipotentiaires soussignés, se référant à l'article 5 de cette Convention, ont d'un commun accord déclaré ce qui suit :

La loi française sur le travail des enfants et des femmes, visée par l'article 5 de la Convention, est celle du 2 novembre 1892, modifiée par l'article 1er de la loi du 30 mars 1900. Toutefois, il est entendu que, éventuellement, les modifications à ladite loi déjà votées par le Sénat français à la date du 24 mars 1904, dans la mesure où elles prendraient force légale par le vote des deux Chambres, se substitueraient aux dispositions actuellement en vigueur pour l'appréciation prévue à l'article 5 de ladite convention.

La loi italienne sur le travail des femmes et des enfants, visée par l'article 5 de la Convention, est celle du 29 juin 1902. Il sera tenu compte, pour les appréciations prévues audit article 5 : en France, des avis de la Commission supérieure du travail dans l'industrie, établie par la loi du 2 novembre 1892, et du Conseil supérieur du travail; en Italie, de l'avis du Conseil supérieur du travail, organisé par la loi du 29 juin 1902.

Fait, en double expédition, à Rome, le 15 avril 1904.

(Suivent les signatures.)

Arrangement [1].

Le Gouvernement de la République française et le Gouvernement de Sa Majesté le Roi d'Italie, désirant assurer des facilités nouvelles aux déposants à la Caisse nationale d'épargne de France et à la Caisse d'épargne postale d'Italie, sont convenus de ce qui suit :

ARTICLE PREMIER. — Les fonds versés à titre d'épargne soit à la Caisse nationale d'épargne de France, soit à la Caisse d'épargne postale d'Italie, pourront, sur la demande des intéressés et jusqu'à concurrence d'un maximum de 1 500 fr., être transférés sans frais de l'une des Caisses dans l'autre, et réciproquement.

Les demandes de transferts internationaux sont reçues, en France et en Italie, dans tous les bureaux de poste chargés, dans ces pays, du service de la Caisse d'épargne.

Les fonds transférés seront, notamment en ce qui concerne le taux et le calcul des intérêts, les conditions de remboursement, d'achat et de revente de rentes ou d'acquisition de carnets de rentes viagères, soumis aux lois, décrets, arrêtés et règlements régissant le service de

---

1. Relatif aux transferts des dépôts entre Caisses nationales et *postales* (et non particulières) : le premier des arrangements à conclure en exécution du traité, le seul qui n'ait pas besoin d'être sanctionné par une loi, du moins en France. Voir ici, p. 79 et suiv.

l'administration dans la caisse de laquelle ces fonds auront été transférés.

Art. 2. — Les titulaires de livrets de la Caisse nationale d'épargne de France ou de la Caisse d'épargne postale d'Italie pourront obtenir, sans frais, le remboursement, dans l'un de ces pays, des sommes déposées par eux à la Caisse d'épargne de l'autre pays.

Les demandes de remboursements internationaux, rédigées sur des formules spéciales mises à la disposition du public, seront déposées par les intéressés entre les mains du chef de bureau ou du receveur des postes de leur résidence, qui les fera parvenir, en franchise de port, à la Caisse d'épargne détentrice des fonds.

Les remboursements seront effectués en vertu d'ordres de payement qui ne pourront excéder 1 500 fr. chacun.

Les ordres de remboursement seront payables seulement dans les établissements de poste ou autres chargés du service de la Caisse d'épargne. Ils seront adressés, directement et en franchise de port, par la Caisse d'épargne qui les aura délivrés, aux bureaux désignés pour le payement.

Art. 3. — Chaque administration se réserve le droit de rejeter les demandes de transferts ou de remboursements internationaux qui ne rempliraient pas les conditions exigées par ses règlements intérieurs.

Art. 4. — Les sommes transférées d'une Caisse dans l'autre porteront intérêt à charge de l'administration primitivement détentrice des fonds jusqu'à la fin du mois pendant lequel cette demande s'est produite, et à charge de l'administration qui accepte le transfert à partir du premier jour du mois suivant.

Art. 5. — Il sera établi, à la fin de chaque mois, par la Caisse nationale d'épargne de France et la Caisse d'épargne postale d'Italie, un décompte des sommes qu'elles se doivent respectivement du chef des opérations faites pour le service de la Caisse d'épargne, et, après vérification contradictoire de ces décomptes, la Caisse reconnue débitrice se libérera, dans le plus bref délai possible, envers l'autre Caisse, au moyen de traites ou chèques sur Rome ou Paris.

ART. 6. — La Caisse d'épargne de chacun des pays contractants pourra correspondre directemement et en franchise, par la voie postale, avec la Caisse de l'autre pays.

ART. 7. — Les bureaux de poste des deux pays se prêteront réciproquement concours pour le retrait des livrets à régler ou à vérifier.

L'échange des livrets entre la Caisse d'épargne de chaque pays et les bureaux de poste ou agence de l'autre pays aura lieu en franchise.

ART. 8. — La Caisse nationale d'épargne de France et la Caisse d'épargne postale d'Italie arrêteront d'un commun accord, après entente avec les administrations des postes des deux pays, les mesures de détail et d'ordre nécessaires pour l'exécution du présent arrangement, y compris celles relatives au change.

ART. 9. — Chaque partie contractante se réserve la faculté, dans le cas de force majeure ou de circonstances graves, de suspendre en tout ou en partie les effets de la présente Convention.

Avis devra en être donné à l'administration correspondante par la voie diplomatique.

L'avis fixera la date à partir de laquelle le service international cessera de fonctionner.

ART. 10. — Le présent arrangement aura force et valeur à partir du jour dont les Caisses d'épargne des deux pays conviendront, dès que la promulgation en aura été faite d'après les lois particulières à chacun des deux États.

Sauf les cas prévus à l'article 5 de la Convention en date de ce même jour, il demeurera obligatoire pendant une durée de cinq années. Les deux parties contractantes devront se prévenir mutuellement, une année à l'avance, si leur intention est d'y mettre fin à l'expiration de ce terme. A défaut d'un tel avis, il sera prorogé d'année en année, pour un délai d'un an, par tacite reconduction.

Lorsque l'une des deux parties contractantes aura annoncé à l'autre son intention d'en faire cesser les effets, l'arrangement continuera d'avoir son exécution pleine et entière pendant les douze derniers mois, sans préjudice de la liquidation et du solde des comptes entre les Caisses d'épargne des deux pays après l'expiration dudit terme.

En foi de quoi, les soussignés, à ce dûment autorisés, ont dressé le présent acte auquel ils ont apposé leurs signatures et leurs cachets.

Fait en double expédition, à Rome, le 15 avril 1904.

(Suivent les signatures.)

Le traité se divise en deux parties :

L'une relative aux institutions de prévoyance sociale (article 1er) est beaucoup plus étendue que dans le traité franco-belge.

L'autre touchant la protection légale des travailleurs (articles 2, 3 et 4) est entièrement nouvelle.

La première partie se divise elle-même en deux sections : l'une concerne les versements à des Caisses d'épargne et de retraite, l'autre, — vraiment originale, — traite des indemnités dues pour accidents du travail.

Toutes les questions sont traitées en principe, l'application devant être réglée par des arrangements de détail à venir après ratification. Un seul de ces arrangements est rédigé en même temps que le traité et figure à sa suite : c'est celui qu'on promettait au § a de l'art. 1er; il autorise le transfert sans frais des fonds versés à titre d'épargne entre la Caisse nationale *postale* d'épargne de France et à la Caisse d'épargne *postale* d'Italie.

On a reproduit ici, à peu près dans les mêmes termes, l'arrangement similaire conclu entre la France et la Belgique en 1882, avec modification en 1897.

Il est évident que ces dispositions, comme dans le traité franco-belge, sont surtout favorables aux ouvriers étrangers qui viennent travailler en France, et que bien peu de Français se trouveront dans des conditions à jouir de la réciprocité [1].

Le cas est le même pour les dispositions suivantes, qui ne donnent pas lieu à arrangement immédiat : ainsi, dans le même paragraphe, est prévue l'institution d'un régime de transferts entre les Caisses d'épargne privées de France et d'Italie, sur des bases qui restent à fixer.

Tel est le contenu de la partie relative aux Caisses d'épargne.

Viennent ensuite des stipulations, qui n'ont leur équivalent dans aucun des traités antérieurs :

Le § *b*) est relatif à deux institutions existantes :

---

1. Publ. A. I. P. L. T. (Bibliogr., X), n° 3. *Compte rendu de la 3e Ass. gén. du Comité... Bâle... 1904*, p. 44. On y verra M. Millerand évaluer en chiffres ronds les bénéficiaires italiens à 230 000, français à 10 000. Les chiffres des recensements (voir ici, p. 48). sont moins élevés, mais la proportion reste à peu près la même.

la Caisse nationale des retraites, en France, et la Caisse nationale de prévoyance, en Italie.

A ces deux établissements se font des versements volontaires, dont les intérêts servent à fournir des retraites, et sont majorés par l'État pour bonifier les pensions jusqu'à un certain maximum. Les opérations sont constatées sur un livret individuel, analogue aux livrets de Caisses d'épargne. Ces livrets et les dépôts dont ils sont la preuve pourront, par une mesure subséquente, être transférés d'un pays dans l'autre.

Le § c) envisage une institution encore en projet dans les deux pays, et fondée sur des versements obligatoires : c'est la Caisse des retraites ouvrières.

On a surtout songé au projet français, qui était déjà élaboré dans ses grandes lignes au moment de la convention de 1904. Ce projet prévoit trois versements obligatoires : un par l'ouvrier, un par le patron, équivalent au précédent, et un par l'État, destiné à bonifier les retraites.

L'arrangement pose le principe que les cotisations versées par un ouvrier étranger lui appartiennent de plein droit, et qu'il peut jouir du revenu qu'elles produisent dans son pays, par exemple, en Italie après versements faits en France, et réciproquement.

Les contributions versées par les patrons sont considérées comme une charge grevant directement les prix de revient de l'industrie, et il est, par conséquent, décidé que le produit de ces contributions ne sera acquis à un ouvrier étranger qu'au cas où la loi de son pays donnera la réciprocité ou, au moins, des avantages équivalents.

Quant à la part de l'État, on s'accorde à penser qu'il n'y a pas lieu à transfert, et que c'est à chaque Gouvernement à bonifier comme il l'entend, et par les mesures qu'il préférera, les retraites de ses nationaux.

Enfin, on promet d'étudier un régime permettant aux travailleurs saisonniers d'additionner à leur crédit les versements faits, tantôt dans un pays et tantôt dans un autre.

Le § d) traite des indemnités en matière d'accidents du travail.

Ces indemnités sont accordées, en France, par la loi de 1898. Cette loi donne aux ouvriers étrangers les mêmes avantages qu'aux Français, à condition qu'ils continuent à résider sur le territoire français, sans quoi ils ne reçoivent, pour toute indemnité, qu'un capital égal à trois fois la rente qui leur avait été allouée. Les ayants-droit étrangers sont placés dans les mêmes conditions si, après avoir habité en territoire français, ils cessent d'y résider. Enfin, les représentants étrangers ne reçoivent aucune indemnité si, au moment de l'accident, ils résidaient à l'étranger.

La loi française avait été calquée sur la législation allemande. Or l'Allemagne, en 1900, a donné au Conseil fédéral le pouvoir de lever les clauses défavorables aux étrangers, pour les États étrangers dont la législation garantit aux Allemands un traitement équivalent.

En France, le gouvernement proposa aux Chambres d'adapter une semblable disposition à la loi.

Dans le traité d'avril 1904, la France en fit une application anticipée. A ce moment, la question se posa de savoir s'il y a équivalence entre les avantages conférés par la loi italienne et ceux de la loi française. La loi italienne ne fait pas de différence entre étrangers et Italiens, ce qui est un avantage ; d'autre part, au lieu de donner une rente comme la loi française, elle n'accorde qu'un capital une fois versé. Malgré tout, il a paru que l'on pouvait, en l'espèce, traiter.

Il est évident que l'esprit qui animait les négociateurs s'est retrouvé dans le projet du Gouvernement français soumis au Sénat peu après le traité, et devenu la loi du 31 mars 1905. On y trouve, en effet, que les dispositions exceptant les étrangers « pourront toutefois être modifiées par traité... pour les étrangers dont les pays d'origine garantiraient à nos nationaux des avantages équivalents » (art. 3, fin).

Enfin, le § *e*) de la Convention franco-italienne assure l'admission réciproque des ouvriers étrangers en France et en Italie, au bénéfice des caisses de chomage subventionnées par les pouvoirs publics.

Jusqu'à présent, il n'existe, dans l'un ou l'autre des deux pays, aucune forme d'assurance obligatoire contre le chômage. Seule, la France a pris une mesure d'État pour aider l'assurance volontaire ; elle subventionne les caisses de chômage appartenant aux organisations ouvrières, en proportion du nombre de chômeurs secourus, et du total des sommes versées. La stipulation relative au chômage est donc, comme celle des Caisses de retraites, faite en prévision de l'avenir. Mais elle se trouve, elle aussi, fondée sur un commencement de réalisation dans le présent, au moins en ce qui concerne la France.

Toutes les stipulations précédentes sont en somme, favorables surtout aux Italiens, étant donné le nombre considérable d'ouvriers italiens travaillant en France.

Nous arrivons à la deuxième partie, celle de la protection ouvrière, où la France cherche à s'assurer, au bénéfice de son industrie en même temps qu'au profit de l'humanité, des avantages correspondant à ceux qu'elle a précédemment concédés.

Le premier sujet sur lequel les deux pays s'accordent est la protection des jeunes enfants; on l'a fait figurer dans la convention à la demande de la reine-mère Marguerite qui y prenait un intérêt particulier. Cette protection est fondée toujours sur la réciprocité, mais il n'en est pas moins évident que le nombre des jeunes Français travaillant en Italie est minime, tandis que celui des jeunes Italiens travaillant en France est considérable, notamment dans les verreries.

La loi française impose un minimum d'âge aux enfants pour le travail industriel; afin d'en assurer l'application, le Gouvernement avait prescrit aux maires des communes françaises intéressées de ne délivrer des livrets de travail aux jeunes Italiens que sur le vu de pièces fournies par le Consul d'Italie, et attestant qu'ils avaient l'âge légal. Les entrepreneurs qui amènent en troupe les enfants apportaient bien avec eux les attestations nécessaires; mais ils les faisaient passer au nom d'enfants n'ayant pas l'âge légal, et ils se rendaient coupables de tromperies continuelles sur le nom et l'état civil des intéressés.

Par la Convention de 1904, le Gouvernement français renforce la surveillance, prévoit une disposition qui lui accorderait le droit de retirer les livrets donnés à tort, et celui d'organiser des comités de patronage comprenant, autant que possible, des Italiens, pour seconder les inspecteurs dans la surveillance du travail des enfants. Ces comités n'ont pu être organisés jusqu'à présent.

Par l'article 3, chaque Gouvernement s'engage à prendre part à toute conférence internationale relative à des arrangements internationaux de protection légale, dès que l'autre y donnera son adhésion. On trouve ici l'effet du désir légitime qu'avaient les représentants de la France de voir réussir la conférence internationale demandée en 1902 par l'Association pour la protection légale des travailleurs [1], et à laquelle s'intéressaient, outre le Gouvernement français, deux États ayant une législation progressive du travail, savoir, la République helvétique et l'Empire d'Allemagne.

L'article 4 donne plus encore : par ses termes le Gouvernement italien s'engage, en effet, à organiser chez lui une inspection du travail efficace,

1. Voir pp. 130-131 du présent ouvrage.

sur le modèle français. C'est la reconnaissance du principe que les charges doivent s'équivaloir dans les deux pays. en même temps qu'un hommage rendu à l'application des lois ouvrières dans le nôtre.

Il faut noter qu'au moment de la signature, l'Italie n'avait en principe que trois, en fait qu'un seul inspecteur du Travail.

Précisant encore davantage, le Gouvernement italien promet que l'inspection s'inquiétera tout particulièrement des mesures limitant le travail des femmes et des enfants, c'est-à-dire supprimant une des causes de la concurrence directe que fait l'industrie italienne à l'industrie française.

Ces mesures ont été prescrites par une loi italienne du 29 juin 1902, qui n'est pas nommée dans le traité, parce que l'article s'applique non seulement à elle, mais à toutes celles qui pourront être votées sur le même sujet. Par un engagement formel, le second alinéa de l'article 4 énumère les principales dispositions pour lesquelles le Gouvernement italien promet de ne jamais restreindre la protection accordée aux ouvriers par sa loi de 1902. Ce sont :

L'interdiction du travail de nuit des femmes et des enfants, mesure capitale tant au point de vue de la concurrence qu'à celui de l'humanité;

La fixation d'un âge minimum pour l'admission ;

La limitation des heures de travail dans le jour ;

Enfin, l'obligation du repos hebdomadaire.

La loi italienne de 1902 n'a pas limité la durée de la journée de travail pour les femmes en Italie, comme elle l'est en France, mais le Gouvernement italien déclare, par le dernier alinéa de l'article 4, qu'il a l'intention d'étudier et de réaliser progressivement une telle réduction.

L'exécution de ces clauses d'un si haut intérêt pour la France et pour les classes ouvrières de deux pays, est garantie par la disposition de l'article 5 qui permet de dénoncer les traités si elles ne sont pas observées.

De la correspondance diplomatique échangée à l'occasion du traité et non publiée, il ressort que l'Italie se déclare prête à diminuer les heures de travail des femmes au fur et à mesure que les pays occidentaux moins avancés — la Belgique principalement — entreront dans cette voie. Deux ans plus tard, elle acceptait à la Conférence de Berne, en même temps que la Belgique, le repos nocturne de 12 heures consécutives, en exécution des engagements pris par les articles 3 et 4 du traité de 1904 [1].

1. Voir pp. 188 et suiv. du présent ouvrage.

ARRANGEMENTS

EN APPLICATION DE LA
CONVENTION FRANCO-ITALIENNE

CAISSES D'ÉPARGNE

La Convention de travail signée à Rome le 15 avril 1904, par les représentants des gouvernements français et italien, fut soumise à la ratification suivant les formes constitutionnelles dans chacun des deux pays. Un projet de loi lui donnant pleine ffet, fut déposé le 4 juin par le Gouvernement italien à la Chambre des députés, qui l'adopta sans objection le 29 par 227 voix contre 15 ; renvoyé au Sénat le 2 juillet, il y fut adopté le 6 juillet par 88 voix contre 9 [1].

L'ambassadeur de France à Rome ayant procédé, le 21 septembre, à l'échange des ratifications, le Président de la République, par un décret en date

---

1. *Gazz. uffic.*, 1904, 30 juin, p. 3281 ; juillet, 1, p. 3303, 4, p. 3349, 7, pp. 3414-5.

du 8 octobre 1904, pris en exécution de l'article 8
de la loi du 16 juillet 1875, sur la proposition du
Ministre des Affaires étrangères et du Ministre du
Commerce, a rendu exécutoire la Convention en
même temps que l'arrangement relatif aux transferts entre la Caisse d'épargne de France et la
Caisse postale d'Italie [1].

Puis les autres clauses de la Convention du
15 avril 1904 ont été précisées et mises en réalisation par une série d'arrangements particuliers,
donnant lieu à des propositions de loi et dont
plusieurs sont encore en préparation.

Deux années s'écoulèrent avant qu'on passât à
l'exécution d'un engagement qui complétait la
première application.

On se rappelle que la Convention du 15 avril 1904
permettait de faciliter le transfert des fonds
déposés dans les Caisses d'épargne ordinaires [2]. Un
arrangement à ce sujet fut signé à Paris, le
20 janvier 1906 [3].

---

1. *Journal officiel* du 12 octobre 1904. *Partie officielle*, pp. 6086-
6087. *Bulletin de l'Office du Travail*, 1904, juin, pp. 518-521 (texte
complet); octobre, pp. 875, 897-899 (Décret du 8 octobre 1904;
Arrangement du 15 avril 1904 sur transferts entre Caisses d'épargne).

2. *Journal officiel* du 8 août 1906. *Partie officielle*, p. 5645; du
4 janvier 1907, *ibid*., p. 69, 70 (Décret de promulgation et texte
entier). *Bulletin de l'Office du Travail*, 1906, avril, pp. 348-350.

3. Article I, *a*). Voir ici pp. 61 et 70.

TEXTE DE L'ARRANGEMENT FRANCO-ITALIEN RELATIF AU TRANSFERT DES DÉPOTS DES CAISSES D'ÉPARGNE ORDINAIRES DES DEUX PAYS (20 JANVIER 1906, RATIFIÉ PAR LA LOI DU 3 AOUT 1906).

Le Gouvernement de la République Française et le Gouvernement de Sa Majesté le Roi d'Italie, désirant assurer des facilités nouvelles aux déposants aux Caisses d'épargne ordinaires, conformément aux principes énoncés dans l'article 1er, paragraphe a) de la Convention signée à Rome, le 15 avril 1904, entre la France et l'Italie, sont convenus de ce qui suit :

Article 1er. — L'autorité compétente de chacun des deux États contractants notifiera à l'autorité compétente de l'autre la liste des Caisses d'épargne ordinaires qui, ayant leur siège dans de grandes agglomérations industrielles ou dans des villes-frontières, seront chargées, sur leur demande, d'effectuer les transferts des dépôts aux conditions et avec les facilités indiquées dans les articles suivants.

Les modifications à la liste initiale seront notifiées de même avec indication des dates auxquelles elles commenceront ou cesseront d'avoir effet.

Art. 2. — Les sommes versées à titre d'épargne à une des Caisses d'épargne susvisées existant en Italie pourront, sur la demande de l'intéressé et jusqu'à concurrence de 1 500 francs, être transférées sans frais à une Caisse d'épargne susvisée existant en France, et réciproquement.

La demande de transfert sera rédigée par l'intéressé en triple exemplaire dans la forme qui devra être concertée entre les Administrations compétentes des deux pays. Elle sera remise ou adressée à la Caisse d'épargne dépositaire ou bien à ses succursales ou Caisses filiales.

Art. 3. — Les fonds transférés seront soumis, notamment en ce qui concerne le taux et le calcul des intérêts, ainsi que les conditions de remboursement, aux lois, décrets, instructions et statuts régissant à cet égard la Caisse à laquelle les fonds auront été transférés.

ART. 4. — A chaque transfert de fonds, la Caisse expéditrice devra transmettre à la Caisse destinataire un des exemplaires de la demande formulée par l'intéressé. Elle lui fera parvenir en même temps la somme correspondante par mandat de poste international.

ART. 5. — Par application de l'article 8 de l'arrangement international de Washington du 15 juin 1897 sur le service des mandats de poste, il est entendu que les mandats de poste délivrés pour le transport des fonds entre les Caisses ordinaires d'épargne en France et en Italie seront considérés comme « mandats d'office », exempts de toute taxe. L'Administration du pays d'origine n'aura pas à tenir compte à l'Administration du pays destinataire de la part des droits prévus au paragraphe 2 de l'article 3 de l'arrangement susmentionné.

ART. 6. — Les demandes de transfert sont envoyées aux Caisses destinataires par les Caisses expéditrices et à leur charge, sans frais pour les intéressés.

ART. 7. — La Caisse destinataire, dès qu'elle aura reçu la somme et la demande mentionnée dans l'article 4, devra en informer la Caisse expéditrice par l'envoi d'un avis dont la forme sera concertée entre les Administrations compétentes des deux pays. Elle devra pourvoir immédiatement au remboursement, s'il a été régulièrement demandé, ou bien à la délivrance du livret.

ART. 8. — Chaque partie contractante se réserve la faculté, dans le cas de force majeure ou de circonstances graves, de suspendre en tout ou en partie les effets du présent arrangement.

Avis devra en être donné à l'Administration compétente de l'autre État par la voie diplomatique. L'avis fixera la date à partir de laquelle les dispositions qui font l'objet du présent arrangement cesseront d'avoir effet.

ART. 9. — Les Administrations compétentes des deux pays arrêteront d'un commun accord, après entente avec les Administrations postales, les mesures de détail et d'ordre nécessaires pour l'exécution dudit arrangement.

ART. 10. — Le présent arrangement aura force et valeur à partir du jour dont les Administrations compétentes des deux États conviendront, dès que la promulgation en aura été faite d'après les lois particulières à chacun des deux États. Sauf le cas prévu à l'article 5 de la Convention du 15 avril 1904, le présent arrangement demeurera obligatoire pendant une durée de cinq années.

Les deux parties contractantes devront se prévenir mutuellement une année à l'avance, si leur intention est d'y mettre fin à l'expiration de ce terme.

A défaut d'un tel avis, l'arrangement sera prorogé d'année en année pour un délai d'un an, par tacite reconduction.

Lorsqu'une des deux parties contractantes aura annoncé à l'autre son intention d'en faire cesser les effets, l'arrangement continuera d'avoir son exécution pleine et entière pendant les douze premiers mois.

En foi de quoi, les soussignés, dûment autorisés à cet effet, ont dressé le présent arrangement qu'ils ont revêtu de leurs cachets.

Fait en double expédition à Paris, le 20 janvier 1906.

Signé : G. TORNIELLI,   *Signé* : ROUVIER,
Signé : V. MAGALDI.   *Signé* : Georges TROUILLOT[1].

Au Parlement français, cet arrangement, sous forme de projet de loi, fut présenté au nom de M. Fallières, Président de la République, par MM. Léon Bourgeois, Ministre des Affaires étrangères, Gaston Doumergue, Ministre du Commerce,

1. *Bulletin de l'Office du Travail*, avril 1906, pp. 348-350.

et Raymond Poincaré, Ministre des Finances. Il est précédé d'un exposé des motifs [1].

Cet exposé indique pourquoi l'approbation des Chambres, qui n'était nécessaire, ni à la Convention du 15 avril 1904, ni au premier arrangement, est ici indispensable : en effet, l'arrangement actuel accorde la franchise aux mandats de poste envoyés par une Caisse d'épargne ordinaire d'un pays à une Caisse d'épargne ordinaire d'un autre pays contractant; or, le régime des mandats de poste internationaux est régi par la Convention internationale de Washington du 15 juin 1897, qui accorde la franchise aux seuls mandats des offices postaux, mais en laissant latitude pour certaines dérogations. Cette Convention a été approuvée par le Parlement français et tout changement projeté doit être également soumis au pouvoir législatif; d'autre part, la modification proposée crée, en faveur des Caisses d'épargne intéressées, un régime de mandats moins coûteux que les mandats ordinaires; ainsi elle apporte un changement à la loi du 20 juillet 1895 sur les Caisses d'épargne; enfin elle a des conséquences financières. Ce sont

---

1. *Journal officiel*, du 19 mai 1906. *Documents parlementaires*, *Chambre*, p. 395. *Annexe* n° 3154. Session ordinaire, séance du 3 avril 1906.

là des raisons pour qu'on doive demander au Parlement son approbation.

A la Chambre, le projet fut renvoyé à la Commission du budget; M. Léon Janet, député, présenta, au nom de la Commission, un rapport le 12 avril 1906 [1].

La franchise proposée se justifie-t-elle, demande le rapporteur? Oui, s'il s'agissait de mettre les Caisses d'épargne ordinaires sur le même pied que la Caisse nationale d'épargne postale; or, la Caisse nationale postale ne jouit qu'en apparence de la franchise, parce que, sur les propositions de la Commission actuelle du budget, le Parlement a décidé que cette Caisse paierait au prix de revient les services rendus par l'État : elle devra donc rembourser à l'État le prix des mandats internationaux qu'elle envoie en franchise. Il n'y a donc plus aucune raison de donner aux Caisses d'épargne ordinaires un privilège réel, alors que la Caisse d'épargne postale a, tout simplement, ce que le rapporteur appelle « un artifice d'écritures ». Il aurait mieux valu, par suite, que les mandats échangés fussent soumis aux taxes ordinaires. Néanmoins, le rapporteur conclut à l'adoption « en

1. *Journal officiel* du 25 juillet 1906. *Documents parlementaires*, *Chambre*, p. 443. *Annexe* n° 3 235, Session ordinaire, séance du 12 avril 1906.

raison du chiffre absolument minime de la dépense,
et en raison des motifs de haute convenance de
politique internationale qui doivent pousser la
France à ne pas repousser un arrangement déjà
adopté, et dans lequel les deux nations amies se
font les mêmes conditions réciproques ».

L'approbation ainsi proposée fut adoptée sans
discussion par la Chambre des députés le
13 avril 1906 [1].

Porté au Sénat, l'arrangement fut renvoyé à
une Commission spéciale au nom de laquelle
M. Vagnat, sénateur, fit un rapport le 11 juillet 1906 [2]. Ce rapport, très bref, ne fait aucune
objection, pas même une observation, et propose
l'adoption pour les mêmes raisons que le rapport
de la Chambre. Le projet de loi fut adopté sans
opposition ni discussion le 13 juillet 1906 [3].

La loi fut promulguée le 3 août 1906 [4].

Le 27 décembre de la même année, par décret,
le Roi d'Italie mit en vigueur l'arrangement du
15 janvier 1906 [5].

---

1. *Journal officiel*, du 14 avril 1906. *Chambre des Députés, Débats*,
p. 1 725.

2. *Journal officiel*, du 27 novembre 1906. *Documents parlementaires, Sénat*, p. 772.

3. *Journal officiel*, du 14 juillet 1906. *Sénat, Débats*, pp. 828-829.

4. *Journal officiel*, du 8 août 1906. *Partie officielle*, p. 5 645.

5. *Gazzetta ufficiale*, 20 janvier 1907, p. 886.

Après des négociations entre les Ministères français du Travail, des Finances, et les administrations correspondantes en Italie, le 4 juillet 1907 fut promulgué le décret arrêtant le règlement relatif aux transferts de dépôts entre les deux Caisses et fixant au 1er novembre 1897 le point de départ de la mise en pratique.

TEXTE DU DÉCRET RÉGLANT LES TRANSFERTS ENTRE CAISSES D'ÉPARGNE ORDINAIRES DE FRANCE ET D'ITALIE (4 JUILLET 1907)[1].

Le Président de la République Française,

Sur le rapport du Ministre du Travail et de la Prévoyance sociale,

Vu la loi du 3 août 1906, concernant l'arrangement signé le 20 janvier 1906, entre la France et l'Italie, relativement aux transferts de fonds déposés dans les Caisses d'épargne françaises et italiennes;

Vu le décret du 28 décembre 1906, portant promulgation de cet arrangement;

Vu l'article 9 dudit arrangement;

Vu la lettre du Ministre des Finances en date du 13 novembre 1906;

Vu le projet de règlement concerté avec l'administration italienne relativement aux transferts entre les Caisses d'épargne italiennes et les Caisses d'épargne françaises;

Décrète :

ARTICLE PREMIER. — Les transferts de dépôts entre les Caisses d'épargne ordinaires françaises et les Caisses

1. *Journal officiel* du 9 juillet 1907. *Partie officielle*, p. 4 747. — *Gazzetta ufficiale*, 19 juillet 1907, pp. 5 675-77.

d'épargne italiennes auront lieu dans les conditions déterminées par le règlement annexé au présent décret.

ART. 2. — Lesdits transferts seront effectués, à compter du 1er novembre 1907, entre les Caisses d'épargne françaises et les Caisses d'épargne italiennes qui seront ultérieurement mentionnées au *Journal officiel* de la République Française.

ART. 3. — Le Ministre du Travail et de la Prévoyance sociale est chargé de l'exécution du présent décret.

Fait à Paris, le 4 juillet 1907.

A. FALLIÈRES.

Par le Président de la République,
Le Ministre du Travail et de la Prévoyance sociale,
RENÉ VIVIANI.

Enfin le 20 septembre 1907, le Ministre du Travail et de la Prévoyance sociale, conformément à l'article 2 du précédent décret, arrêtait la liste ci-dessous des Caisses d'épargne françaises autorisées à transférer des dépôts; l'arrêté fut publié au *Journal Officiel*, après qu'on eût reçu la liste correspondante pour l'Italie dressée par le Gouvernement italien, soit le 30 octobre, avant-veille de la date à partir de laquelle étaient autorisés les transferts.

TEXTE DE L'ARRÊTÉ DU MINISTRE DU TRAVAIL ET DE LA PRÉVOYANCE SOCIALE, EN APPLICATION DU DÉCRET CI-DESSUS (20 SEPTEMBRE 1907).

Le Ministre du Travail et de la Prévoyance sociale,

Vu la Convention signée le 15 avril 1904 entre la France et l'Italie, et notamment l'article 1er, paragraphe *a*;

Vu l'arrangement signé le 20 janvier 1906 entre la France et l'Italie relativement aux transferts de fonds déposés dans les Caisses d'épargne françaises et italiennes;

Vu l'article 1er du règlement de détail et d'ordre approuvé par décret du 4 juillet 1907 pour les Caisses d'épargne françaises en ce qui concerne l'exécution de l'arrangement susvisé;

Vu les demandes des Caisses d'épargne intéressées;

Sur la proposition du conseiller d'Etat directeur de l'Assurance et de la Prévoyance sociales,

Arrête :

Les Caisses d'épargne ci-après désignées seront admises à effectuer, à compter du 1er novembre 1907, les transferts de dépôts aux conditions indiquées dans l'arrangement signé le 20 janvier 1906 entre la France et l'Italie et dans le règlement de détail et d'ordre approuvé par décret du 4 juillet 1907 :

Caisses d'épargne d'Albertville, Ajaccio, Annecy, Barcelonnette, Bastia, Bonneville, Briançon, Brignoles, Cannes, Castellane, Chambéry, Digne, Draguignan, Forcalquier, Gap, Grasse, Lyon, Manosque, Marseille, Nice, Paris, Puget-Théniers, Saint-Jean-de-Maurienne, Sisteron, Saint-Tropez, Thonon, Toulon, Valensole, Vence.

Paris, le 20 septembre 1907.

RENÉ VIVIANI.

APPLICATION DE L'ARRANGEMENT FRANCO-ITALIEN SUR LES TRANSFERTS DE DÉPOTS ENTRE LES CAISSES D'ÉPARGNE ORDINAIRES FRANÇAISES ET LES CAISSES D'ÉPARGNE ITALIENNES.

Le gouvernement italien vient de notifier au Ministère du Travail et de la Prévoyance sociale la liste ci-après des Caisses d'épargne italiennes désignées pour concourir à l'application de l'arrangement franco-italien sur les transferts de dépôts entre les Caisses d'épargne ordinaires françaises et les Caisses d'épargne italiennes :

Caisses d'épargne d'Alba, Alessandria, Ancona, Aquila, Biella, Bologna, Camerino, Cesena, Chiavari, Chieti, Città di Castello, Cosenza, Ferrara, Firenze, Foligno, Forli, Fossano, Genova, Macerata, Mondovi, Napoli, Padova, Parma, Piacenza, Pinerolo, Prato, Ravenna, Rimini, Roma, Saluzzo, Savigliano, Savona, Siena, Torino, Udine, Vercelli, Verona, Vigevano, Voghera.

Les Caisses d'épargne françaises admises à effectuer les transferts de dépôts aux Caisses d'épargne italiennes ont été désignées par arrêté ministériel du 20 septembre 1907 inséré au *Journal officiel* de ce jour [1] (30 octobre).

1. *Journal officiel* du 30 octobre 1907. *Partie officielle*, pp. 7 479-7 480 (La liste italienne renferme des inexactitudes). — *Gazzetta ufficiale*, 1907, 25 oct., p. 6 455 (liste italienne), 30 oct., p. 6 480 (liste française).

INDEMNITÉS POUR ACCIDENTS DU TRAVAIL

Les clauses de la Convention franco-italienne du 15 avril 1904 relative aux accidents du travail ont donné lieu à un arrangement qui a été conclu le 9 juin 1906 [1].

Nouveauté dans le droit international à leur début, elles ne tardèrent point à solliciter l'attention de la Belgique et du Luxembourg, qui demandèrent à la France et obtinrent d'elle des accords analogues [2] signés pour la Belgique trois mois avant, pour le Luxembourg peu de jours après l'arrangement du 9 juin avec l'Italie (21 février et 27 juin 1906).

1. Pour le texte des lois françaises sur la responsabilité des accidents du travail, 9 avril 1898, 31 mars 1905 et 7 avril 1906, voir : Recueil de documents... Ministère du Travail et de la Prévoyance sociale, n° 2, *Lois sur les accidents du travail*, 1907, in-8 de 36 pp.

Pour le texte de la loi italienne du 31 janvier 1904, *Gazzetta ufficiale del Regno d'Italia*, 27 février 1904, pp. 923-929. Cette loi coordonne les lois du 17 mars 1898 et du 29 juin 1903. Traductions françaises dans le *Bulletin ... des assurances sociales* (Bibliogr., IV), années 1898, p. 229, et 1904, pp. 15 et 230.

2. Voir ci-dessous, pp. 122-125.

Le projet de loi portant approbation de l'arrangement du 9 juin 1906 fut présenté au Parlement au nom de M. Fallières, Président de la République, par MM. Pichon, Ministre des Affaires étrangères, Viviani, Ministre du Travail et de la Prévoyance sociale, Caillaux, Ministre des Finances, le 12 novembre 1906, et renvoyé à la Commission d'assurance et de prévoyance sociales [1].

TEXTE DE L'ARRANGEMENT DU 9 JUIN 1906.

Le Gouvernement de S. M. le Roi d'Italie et le Gouvernement de la République Française, également animés du désir d'assurer à leurs nationaux respectifs le bénéfice réciproque de la législation en vigueur sur la réparation des dommages résultant des accidents du travail, conformément aux principes énoncés dans l'article 1er, paragraphe *d*, de la Convention signée à Rome, le 15 avril 1904, entre l'Italie et la France, sont convenus de ce qui suit :

ARTICLE PREMIER. — Les ouvriers ou employés de nationalité italienne, victimes d'accidents par le fait ou à l'occasion du travail sur le territoire français, ou leurs représentants, auront droit aux mêmes indemnités que celles qui sont accordées aux ouvriers ou employés de nationalité française ou à leurs représentants, et réciproquement.

ART. 2. — Ces dispositions sont également applicables, dans les conditions prévues aux articles ci-après, aux

---

1. Nᵒ 426. *Chambre des Députés*, 9ᵉ législature, session extraordinaire de 1906. *Annexe au procès-verbal de la séance* du 12 novembre 1906. Reproduit dans *Journal officiel* du 28 avril 1907, *Doc. parlement.*, *Chambre*, p. 129. — *Gazzetta uffic.*, 1ᵉʳ oût 1907, p. 4551-2.

ayants droit qui ne résidaient pas sur le territoire du pays où s'est produit l'accident lorsqu'il est survenu, ou qui ont postérieurement cessé d'y résider.

Art. 3. — En cas d'accidents donnant lieu à enquête, avis de la clôture de l'enquête doit être immédiatement donné à l'autorité consulaire du ressort dans l'étendue duquel se trouvait la résidence de la victime au moment de l'accident, afin qu'elle puisse prendre connaissance de ladite enquête dans l'intérêt des ayants droit.

Art. 4. — Les chefs d'entreprise et les assureurs de chaque pays auront la faculté de se libérer des arrérages de rentes ou des indemnités dues par eux entre les mains de l'autorité consulaire de l'autre pays visée à l'article précédent, à laquelle il appartiendra de produire les pièces d'identité et certificats de vie, ainsi que de pourvoir à l'envoi des arrérages ou des indemnités à ceux de ses nationaux qui résidaient dans son ressort au moment de l'accident.

Art. 5. — La Caisse nationale italienne d'assurances contre les accidents assurera, suivant le tarif conventionnel annexé au présent arrangement, le risque d'indemnités aux représentants ne résidant pas en France des ouvriers italiens victimes d'accidents, au profit des assureurs français désireux de se décharger de toutes recherches et démarches éventuelles à cet égard.

Ce tarif, établi à titre provisoire, sera aussitôt que possible revisé par les administrations compétentes des deux pays d'après les données techniques à recueillir.

Art. 6. — Lorsque le chef d'entreprise ou l'assureur aura constitué à la Caisse nationale française des retraites pour la vieillesse les rentes dues à des ouvriers italiens ou à leurs représentants, les arrérages, à la demande de ces derniers, leur en seront servis par les soins de la Caisse nationale italienne de prévoyance pour l'invalidité et la vieillesse des ouvriers. Dans ce cas, la Caisse nationale française se libérera vis-à-vis de la Caisse nationale italienne par l'envoi trimestriel du montant des arrérages échus qu'elle eût payés en France.

En ce qui concerne les rentes dont la quotité est devenue définitive, la Caisse nationale française pourra se libérer vis-à-vis de la Caisse nationale italienne par le versement en capital de leur valeur actuelle d'après le tarif auquel la rente aura été acquise; ce versement sera employé à la constitution d'une rente, telle qu'elle résultera du tarif en vigueur pour la Caisse nationale italienne au moment du versement.

ART. 7. — Lorsque le chef d'entreprise ou l'assureur aura versé à la Caisse nationale italienne de prévoyance les indemnités dues à des ouvriers français, cette dernière, sur leur demande, leur enverra par mandats postaux le montant des sommes qu'elle leur eût payées en Italie.

En ce qui concerne les rentes dont la quotité est devenue définitive, elle pourra se libérer par le versement à la Caisse nationale française des retraites de leur valeur actuelle en capital, d'après le tarif auquel la rente aura été acquise; ce versement sera employé à la constitution d'une rente, telle qu'elle résultera du tarif en vigueur pour la Caisse nationale française au moment du versement.

Les indemnités allouées à la suite d'accidents mortels survenus à des ouvriers français en Italie pourront être versées globalement à la Caisse des dépôts et consignations de France, qui en tiendra le montant à la disposition des intéressés, sous justification de leurs droits.

ART. 8. — Les mandats postaux prévus au premier alinéa de l'article 7, ainsi que les envois de fonds par la Caisse nationale française des retraites à la Caisse nationale italienne de prévoyance, ou réciproquement, en exécution des deux articles précédents, feront l'objet de mandats d'office dans les conditions spécifiées à l'article 5 de l'arrangement relatif aux transferts de fonds entre les Caisses d'épargne ordinaires des deux pays.

ART. 9. — Les deux Caisses nationales garderont toujours le droit de modifier pour l'avenir leurs tarifs respectifs.

ART. 10. — L'exemption des taxes et les avantages fiscaux actuellement accordés par la loi française pour les documents à présenter afin d'obtenir le payement des indemnités seront appliqués aussi dans le cas où ces documents seraient réclamés pour le payement d'une indemnité conformément à la loi italienne, et réciproquement.

ART. 11. — Dans le cas où un ouvrier italien ne résidant point en France ne recevrait pas à échéance les arrérages auxquels il aurait droit et ferait appel au fonds de garantie institué par la loi française, les attributions dévolues en cette matière à l'autorité municipale seraient remplies, à son égard, par l'autorité consulaire italienne à Paris, dans les conditions concertées entre les administrations compétentes des deux pays.

ART. 12. — Chaque partie contractante se réserve la faculté, dans le cas de force majeure ou de circonstances graves, de suspendre en tout ou en partie les effets du présent arrangement, en ce qui concerne les services respectivement confiés aux Caisses nationales des deux pays. Avis en devra être donné aux administrations compétentes de l'autre État par la voie diplomatique. L'avis fixera la date à partir de laquelle les dispositions relatives auxdits services cesseront d'avoir effet.

ART. 13. — Les administrations compétentes des deux pays détermineront de concert les justifications à produire dans les cas prévus par les articles 4, 5, 6 et 7, ainsi que les conditions d'application desdits articles aux victimes d'accidents ou à leurs représentants qui résideraient ailleurs qu'en France et en Italie.

Elles arrêteront en même temps toutes les mesures de détail et d'ordre nécessaires pour l'exécution du présent arrangement.

ART. 14. — Le présent arrangement aura force et valeur à partir du jour dont les deux États conviendront dès q la promulgation en aura été faite d'après les lois particulières à chacun d'eux.

Sauf le cas prévu par la Convention du 15 avril 1904, le présent arrangement restera en vigueur pendant la durée de cinq années. Les deux parties contractantes devront se prévenir mutuellement une année à l'avance, si leur intention est d'y mettre fin à l'expiration de ce terme. A défaut d'un tel avis, l'arrangement sera prorogé d'année en année pour un délai d'un an, par tacite reconduction.

ART. 15. — Lorsque l'une des deux parties contractantes aura annoncé à l'autre son intention d'en faire cesser les effets, l'arrangement continuera d'avoir son exécution pleine et entière en ce qui concerne les droits des victimes ou de leurs représentants vis-à-vis de leurs employeurs, pour tous les accidents survenus jusqu'à l'expiration de l'arrangement. Il cessera au contraire d'avoir effet, dès cette expiration, en ce qui concerne les attributions dévolues aux autorités consulaires et les obligations ou facultés prévues pour les Caisses nationales des deux pays, sauf le règlement de comptes alors en cours entre elles et le service de tous les arrérages des rentes dont elles auraient antérieurement reçu les capitaux constitutifs.

En foi de quoi, les soussignés dûment autorisés à cet effet ont dressé le présent arrangement qu'ils ont revêtu de leurs cachets.

Fait en double expédition à Paris, le 9 juin 1906.

Signé : LÉON BOURGEOIS,

— GASTON DOUMERGUE,

— G. TORNIELLI,

— V. MAGALDI.

ANNEXE

Prime annuelle de réassurance.

DÉSIGNATION	Pour 1 000 fr. de salaires.
Exploitations industrielles en général	4 ,98
Mines	12 ,36
Carrières.	10 ,02
Verrerie, poterie, briqueterie.	3 ,24
Verrerie	1 ,38
Poterie	1 ,32
Briqueterie	4 ,62
Fer et acier.	3 ,60
Métaux (hormis le fer et l'acier), mécanique de précision, instruments de musique.	1 ,14
Métaux (hormis fer, acier).	0 ,96
Mécanique de précision	1 ,38
Instruments de musique	0 ,78
Industrie chimique	4 ,26
Gaz et eau	3 ,30
Industrie textile.	0 ,78
Lin, chanvre, jute et autres fibres d'écorces . .	1 ,08
Soie	0 ,30
Industrie textile (non compris l'industrie du lin, du chanvre, etc.), de la soie.	0 ,78
Industrie textile, non compris l'industrie de la soie.	0 ,78
Papier et imprimerie	1 ,62
Fabrication, travail du papier.	2 ,46
Fabrication du papier.	4 ,98
Travail du papier.	0 ,54
Imprimerie.	0 ,36
Cuir et vêtement	0 ,96
Cuir	2 ,46
Vêtement.	0 ,42
Bois	3 ,06
Alimentation, boucherie, tabac	0 ,66
Alimentation	1 ,44
Boucherie.	0 ,96
Tabac	0 ,12
Meunerie, sucrerie, distillerie, brasserie et malterie.	6 »
Meunerie.	7 ,32

DÉSIGNATION	Pour 1 000 fr. de salaires.
Sucrerie	5ᶠʳ,34
Distillerie.	4 ,62
Brasserie et malterie	6 ,06
Travaux de construction	6 ,96
En particulier le ramonage	5 ,82
Chemins de fer (c'est une classification écono-mique et juridique propre de l'Allemagne qui correspond à peu près à la classification ordinaire en grande, moyenne et petite industrie) :	
D'État	7 ,92
Privés	6 ,54
Routiers	4 ,20
Expédition, magasinage, voiturage	9 ,84
— — , encavement	7 ,26
Voiturage.	14 ,46
Navigation intérieure.	18 ,30
— maritime	14 ,22
Administration de la marine	2 ,94
— de la guerre.	1 ,20
— des postes et des télégraphes. .	4 ,62

Le 1ᵉʳ mars 1907, M. Puech présenta au nom de
la Commission de la Chambre un rapport sur le
projet[1]. Favorable, le rapporteur invoque les deux
accords signés l'année précédente avec la Belgique
et le Luxembourg (pp. 122-5). Il constate que l'arrangement
actuel exige l'intervention des Chambres
pour la même raison que l'arrangement relatif aux
Caisses d'épargne ordinaires, à savoir : parce qu'il

1. *Journal officiel* du 28 avril 1907. *Documents parlementaires,*
Chambre, p. 129, annexe 426 (Projet).

Journal officiel des 10 et 11 mai 1907, pp. 175 et 176. *Documents*
parlementaires, Chambre, annexe n° 780 (Rapport).

prévoit l'envoi de mandats de poste, et entraîne des conséquences financières. Entrant ensuite dans le fond du sujet, il demande si l'article 3 de la loi française sur les accidents, qui parle « des étrangers dont les pays d'origine garantiraient à nos nationaux des avantages équivalents », peut s'appliquer à l'Italie. Il constate qu'une parité et une équivalence exactes ne se rencontreront pour ainsi dire jamais, mais il reconnaît que la législation italienne, malgré les différences plus haut indiquées, peut « indiscutablement être rangée au nombre de celles qui, avec la législation germanique et la législation française, ont mis sérieusement en œuvre la théorie du risque professionnel ».

Passant à un ordre d'idées plus général, il déclare que l'arrangement fait partie d'un ensemble diplomatique complet, où nous avons obtenu de l'Italie, en échange de nos concessions, un effort législatif « en vue du progrès et de la surveillance de plus en plus étroite de la réglementation du travail... que le développement normal de notre législation ouvrière appelait sous peine d'affaiblir l'essor de notre concurrence économique sur les marchés du monde, de la parité de réglementation et, par conséquent, de charges, dans les pays qui se rencontrent le plus directement en rivalité commerciale avec nous », et qu'enfin l'Italie a tenu ses engagements de ce côté « en ouvrant, en 1906, des crédits nouveaux pour la surveillance de l'application des lois ouvrières ».

M. Paul Guieysse, président de la Commission d'assurance et de prévovoyance sociales, au nom de laquelle M. Puech avait fait son rapport, se déclara d'accord avec le Gouvernement pour demander l'urgence.

La loi fut votée par la Chambre sans discussion le 28 février 1907[1].

Portée au Sénat, la loi eut comme rapporteur M. Bienvenu-Martin, qui demanda simplement à l'assemblée d'accord avec le gouvernement, d'adopter l'article unique, ce qui fut fait sans discussion le 31 mai 1907[2].

La loi autorisant le Président de la République à ratifier, et à faire exécuter l'arrangement franco-italien concernant la réparation des dommages résultant des accidents de travail fut promulguée le 3 juin 1907[3].

1. *Journal officiel* du 1er mars 1907. *Débats, Chambre des Députés*, p. 506.

2. *Journal officiel* du 1er juin 1907. *Documents parlementaires, Sénat*, p. 674.

3. *Journal officiel* du 4 juin 1907. *Partie officielle*, p. 3 905, et « Erratum » dans le *Journal officiel* du 26 juillet 1907, *Partie officielle*, p. 5 903.

Le décret de ratification avec le texte complet de la nouvelle loi, fut promulgué le 13 juin 1907 [1].

En Italie l'arrangement du 9 juin 1906 fut mis en vigueur par décret royal du 30 juin 1907 [2].

1. *Journal officiel*, du 21 juin 1907. *Partie officielle*, p. 4306-7. *Bulletin de l'Office du Travail*, avril 1907, p. 351-354 (texte).
2. *Gazzetta officiale*. 1er août 1907. pp. 4551-2,

ACCORDS RELATIFS AUX ACCIDENTS

DU TRAVAIL

après le 15 avril 1904.

L'exemple donné par la Convention franco-italienne fut immédiatement suivi.

L'année même où se conclut cet arrangement, l'Italie renouvelait ses traités de commerce avec la Suisse et avec l'Allemagne. Dans le nouveau texte sont prévues les possibilités d'arrangements ultérieurs pour assurer aux ouvriers d'un des pays contractants travaillant dans l'autre un traitement équivalent au point de vue des assurances sociales [1].

Le traité de commerce entre l'Italie et la Suisse, conclu le 13 juillet 1904, contient un article 17 ainsi conçu :

1. Ministère du Commerce, de l'Industrie, des Postes et Télégraphes... *Annales du Commerce extérieur. Pays étrangers... Législation commerciale,* 1905, n°⁵ 208, p. 8, 210, p. 5, 211, pp. 13-14.

Les parties contractantes s'engagent à examiner d'un accord commun et amical le traitement des ouvriers italiens en Suisse et des ouvriers suisses en Italie à l'égard des assurances ouvrières, dans le but d'assurer, par des arrangements opportuns, aux ouvriers des nations respectives dans l'autre pays un traitement qui leur accorde des avantages autant que possible équivalents.

Ces arrangements seront consacrés indépendamment de la mise en vigueur du présent traité par un acte séparé.

Commentant cet article, le Conseil Fédéral s'exprimait ainsi [1] :

L'article 17 prévoit la conclusion d'arrangements spéciaux au sujet du traitement des ouvriers italiens en Suisse et des ouvriers suisses en Italie, à l'égard de *l'assurance ouvrière*. La proposition y relative a été présentée par le Gouvernement italien. Un traité d'une envergure beaucoup plus considérable, sur la protection générale des ouvriers, a été signé le 15 avril dernier à Rome entre la France et l'Italie. Ce traité cherche principalement à faciliter aux ressortissants de l'un des deux pays travaillant dans l'autre, la jouissance de leurs épargnes, à les faire bénéficier des avantages de la législation sur les assurances, à garantir le maintien et à favoriser le développement des lois concernant la protection ouvrière. Il impose aussi aux deux États l'obligation de prendre part à une conférence internationale ayant pour but l'unification des conditions du travail.

En second lieu, le traité additionnel au traité de commerce du 6 décembre 1891, conclu entre

---

1. *Message du Conseil fédéral à l'Assemblée fédérale concernant le traité de commerce avec l'Italie, conclu le 13 juillet 1904*, Berne, 1904, p. 31. Ce texte et les suivants sont reproduits dans le *Bulletin de l'Office du Travail*, Paris, février 1905, pp. 128-130.

l'Empire allemand et l'Italie le 3 décembre 1904, contient dans son article 4 la disposition suivante, qui prend place comme article 2 *a* dans le traité de 1891.

Art. 2 *a*. — Les parties contractantes s'engagent à examiner d'un accord commun et amical le traitement des ouvriers italiens en Allemagne et des ouvriers allemands en Italie à l'égard des assurances ouvrières dans le but d'assurer, par des arrangements opportuns, aux ouvriers des nations respectives dans l'autre pays un traitement qui leur accorde des avantages autant que possible équivalents.

Ces arrangements seront consacrés, indépendamment de la mise en vigueur du traité, par un acte séparé [1].

On remarquera que cet article reproduit textuellement l'article précité du traité italo-suisse.

Enfin l'article 6 du traité additionnel au traité de commerce du 6 décembre 1891, conclu le 25 janvier 1905 entre l'Empire allemand et l'Autriche-Hongrie, est ainsi conçu :

Les parties contractantes s'engagent à examiner, dans un accord amical, le traitement des ouvriers de l'une des parties travaillant dans le territoire de l'autre à l'égard de la protection des travailleurs et des assurances ouvrières dans le but d'assurer réciproquement à ces ouvriers, par des arrangements opportuns, un traitement qui leur accorde des avantages autant que possible équivalents.

1. Texte allemand dans *Stenographische Berichte, Reichstag,* XIe Legislatur Periode, 1903-05. 1re Session, Document 543, A, p. 5.

Ces arrangements seront consacrés, indépendamment de la mise en vigueur du présent traité, par un acte séparé [1].

Cet article offre, on le voit, de très grandes analogies avec les textes précédents: il diffère toutefois de ceux-ci en ce qu'il vise à la fois la protection ouvrière, c'est-à-dire la réglementation du travail, et les assurances ouvrières, tandis que ce dernier point est seul visé dans les textes italo-suisse et italo-allemand. On se souvient que la Convention franco-italienne visait à la fois l'épargne, la réglementation du travail et les assurances ouvrières.

Il y a lieu de citer également le passage suivant de la déclaration faite au Reichstag, le 10 février 1905, lors de la première lecture des traités de commerce par le Secrétaire d'État M. de Posadowsky [2] :

Nous avons passé des conventions en matière d'assurance ouvrière et de protection des travailleurs. Ici, au Reichstag, on présente, pendant chaque session, un grand nombre de propositions d'ordre social; mais aussi nous devons forcément nous convaincre tous les jours davantage d'une chose : c'est que plus nous progressons dans le domaine de la politique sociale, plus il nous faut souhaiter ardemment que les autres États nous emboîtent le pas, car,

---

1. *Stenograph. Ber.*, *Reichstag*, même série que précéd., G, p. 11.

2. *Ibid.*, 138e *Sitzung*, p. 4440. — Voir aussi *Soziale Praxis*, 16 février 1905, p. 503.

si d'autres États ne nous suivent point sur ce terrain-là,
nous nous trouverons finalement produire à des prix plus
élevés que ces autres États. Et voilà pourquoi de tels
accords internationaux ont aussi une valeur politico-
sociale des plus grandes. Je sais très bien qu'autrefois dans
des sphères politiques très étendues se manifestait une certaine répugnance à l'endroit de pareils accords, parce qu'on
craignait que les autres États pussent nous imposer une
allure trop rapide dans la voie des progrès sociaux. Maintenant — en dépit de toutes les affirmations touchant
l'inertie de l'Allemagne en fait de politique sociale — nous
tenons certes la tête; mais, par ailleurs, nous avons intérêt
à presser d'autres États de marcher sur nos traces.

ARRANGEMENT ENTRE LA BELGIQUE
ET LE GRAND-DUCHÉ DE LUXEMBOURG
(15 AVRIL 1905)

Un pays qui fournit à ses voisins un grand nombre de travailleurs manuels, et que nous avons déjà vu donner le signal des conventions relatives aux Caisses d'épargne, la Belgique, conclut en 1905 une série d'arrangements inspirés des traités de 1904.

Le premier fut l'arrangement du 15 avril 1905 entre la Belgique et le Grand-Duché de Luxembourg[1].

TEXTE

ARTICLE PREMIER. — Les ouvriers belges victimes d'accidents du travail dans le Grand-Duché de Luxembourg, ainsi

1. *Bulletin de l'Office du Travail,* juillet 1906, reproduisant le texte officiel d'après le *Mémorial du Grand-Duché de Luxembourg* du 21 octobre 1905, et le *Moniteur belge* des 30 et 31 octobre 1905. (Voir p. 112, n. 1). — Lois sur la responsabilité des accidents du travail, dans *Bulletin ... des assurances sociales* (Bibliogr., IV), 1903, pp. 385 et 669 (loi belge du 24 déc. 1903), 1902 p. 337, et 1905 p. 328 (lois luxemb. des 5 avril 1902 et 23 déc. 1904; celle du 12 mai 1905, dans *Bull. Office intern. du Trav.,* Bibl. IX, n°ˢ 9-12, 1906, p. 405).

que leurs ayants droit, seront admis au bénéfice des mêmes indemnités et des mêmes garanties que les sujets luxembourgeois. Par réciprocité, les ouvriers luxembourgeois victimes d'accidents du travail en Belgique, ainsi que leurs ayants droit, seront admis au bénéfice des mêmes indemnités et des mêmes garanties que les sujets belges.

ART. 2. — Il sera cependant fait exception à la règle précédente lorsqu'il s'agira d'ouvriers, sans distinction de nationalité, qui sont occupés passagèrement, c'est-à-dire pendant six mois au plus, sur le territoire de celui des deux États contractants où l'accident est survenu, mais qui sont attachés à une entreprise située sur le territoire de l'autre État, auquel cas la législation de ce dernier État sera seule applicable.

ART. 3. — Les dispositions de l'article 48, n° 2, et de l'article 49, alinéa 4, de la loi luxembourgeoise du 5 avril 1902 sont suspendues expressément au profit des ayants droit de nationalité belge.

ART. 4. — Les dispositions des articles 1, 2 et 3 de la présente Convention seront semblablement applicables aux personnes que les lois de chacun des États contractants assimilent aux ouvriers, en ce qui concerne la réparation des dommages résultant des accidents du travail.

ART. 5. — Les exemptions prononcées en matière de timbre, de greffe et d'enregistrement, et la délivrance gratuite stipulée par la législation belge sur les accidents du travail, sont étendues aux actes, certificats et documents visés par cette législation qui seront passés ou délivrés aux fins d'exécution de la loi luxembourgeoise. Réciproquement les exemptions prononcées et la délivrance gratuite stipulée par la législation grand-ducale sont étendues aux actes, certificats et documents visés par cette législation et qui seront passés ou délivrés aux fins d'exécution de la loi belge.

ART. 6. — Les autorités belges et luxembourgeoises se prêteront mutuellement leurs bons offices en vue de faciliter de part et d'autre l'exécution des lois relatives aux accidents du travail.

ART. 7. — La présente Convention sera ratifiée et les ratifications seront échangées à Bruxelles le plus tôt possible.

Elle entrera en vigueur dix jours après la publication dans les formes prescrites par la législation des deux pays, et demeurera obligatoire jusqu'à l'expiration d'une année à partir du jour où l'une ou l'autre des parties contractantes l'aura dénoncée.

Cet arrangement fut ratifié à Bruxelles le 25 octobre 1905.

Auparavant, la législation relative à l'indemnité accordée aux ouvriers en cas d'accidents du travail différait dans les deux États : la loi luxembourgeoise du 5 avril 1902 établissait l'assurance obligatoire des ouvriers contre les accidents, mais l'application pouvait en être suspendue à l'égard des nationaux des États qui refusent, chez eux, aux Luxembourgeois le bénéfice de ce qu'ils accordent à leurs propres citoyens[1].

D'autres dispositions étaient plus ou moins imitées de celles de la loi française : ainsi, toutes les fois que l'ayant droit ne résidait pas dans le Grand-Duché, il ne pouvait toucher l'indemnité ou la rente accordée, à moins d'une autorisation spéciale du Gouvernement; les étrangers qui quittaient défi-

1. Article 12.

nitivement le Grand-Duché recevaient, en tout et pour tout, un capital égal à trois fois la rente annuelle fixée pour les résidents, à moins d'autorisation spéciale de la part du Gouvernement; et enfin, une loi du 12 mai 1905 autorisait le gouvernement à accorder, sur avis conforme du Conseil d'État, la réciprocité aux nationaux des Gouvernements qui admettraient les Luxembourgeois à bénéficier, chez eux, de l'application des lois sur l'indemnité en cas d'accident.

Au contraire, une loi belge, promulguée le 24 décembre 1903, sur la réparation des dommages résultant des accidents du travail, ne fait aucune différence, pour le droit aux indemnités, entre les nationaux et les étrangers.

Or, en vertu des lois luxembourgeoises des 5 avril 1902 et 12 mai 1905, les entreprises étrangères occupant en Luxembourg des ouvriers étrangers devaient indemniser les victimes d'accidents du travail suivant les lois d'assurance en vigueur dans leur pays d'origine. Ces entreprises étrangères sont des mines, fonderies et aciéries, en partie belges. Il n'est donc pas surprenant que, dès la mise en vigueur de sa loi, et sans même attendre le vote de la loi luxembourgeoise du 12 mai 1905, le Gouvernement belge ait entamé, avec le Gouvernement luxembourgeois, des négociations qui aboutirent, dès le 15 avril 1905, à un arrangement voté à l'unanimité, sans débats, les 4 et 11 août par les Chambres et dont les ratifications furent échangées à Bruxelles le 25 octobre suivant.

Cet arrangement établit la réciprocité pour les ouvriers luxembourgeois victimes d'accidents en Belgique et les ouvriers belges victimes d'accidents au Luxembourg. Il est entendu, de plus, que les ouvriers occupés passagèrement, c'est-à-dire pendant six mois au plus, sur le territoire de l'État où l'accident est survenu, mais occupés en permanence sur l'autre, seront indemnisés suivant la législation du second État.

Une Convention additionnelle, conclue à Bruxelles le 22 mai 1906, ajoute à la fin de l'article [2] (voir p. 109) l'alinéa suivant :

Il en sera de même pour les personnes attachées à des entreprises de transport et occupées de façon intermittente, même habituelle, dans le pays autre que celui où les entreprises ont leur siège.

Le nouvel alinéa a été adopté à l'unanimité sans discussion le 20 décembre 1906 [1].

1. *Mémorial du Grand-Duché de Luxembourg*, 1905, n° 25, p. 322. — *Moniteur belge* des 30-31 oct. 1905, pp. 5 624 et suiv. *Annales parlementaires de Belg.*, 1905, *Chambre*, 4 août, p. 2 085, *Sénat*, 11 août, p. 795; 1906, *Chambre*, 19 déc., p. 251, *Sénat*, 20 déc., p. 31. Votés à l'unanimité, sans débats.

LES ACCORDS DE L'ALLEMAGNE
AVEC LE LUXEMBOURG ET LA BELGIQUE

La loi allemande du 30 juin 1900 sur les assurances contre les accidents du travail dans l'industrie suspend le bénéfice de la pension pour l'étranger qui n'a pas sa résidence habituelle en Allemagne[1], et elle accorde simplement trois fois la pension en capital à l'étranger qui cesse d'habiter l'Empire allemand[2].

Toutefois le Conseil fédéral peut lever l'application de ces deux dispositions pour les États étrangers dont la législation garantit une assistance équivalente aux ouvriers allemands victimes d'un accident du travail. D'autre part, avec l'assentiment du Conseil fédéral, le Chancelier de l'Empire est autorisé à conclure, avec les États étrangers,

1. Art. 94, § 3. — Pour la trad. franç. du texte de la loi allemande, voir *Bulletin.... des assurances sociales* (Bibliog., IV), année 1900, p. 368. — Pour le texte des lois luxembourgeoise et belge, p. 108 du présent ouvrage, n. 1.
2. Art. 95.

des traités de réciprocité lorsque les lois d'assurance de ces États sont jugées équivalentes à l'assurance allemande contre les accidents [1], traités dans lesquels sont exceptées de l'application de la loi les exploitations dirigées par les étrangers dans le territoire allemand, et comprises les exploitations allemandes situées à l'étranger.

Le premier usage de la faculté de traiter a été fait le 2 septembre 1905 au bénéfice du Grand-Duché de Luxembourg.

Bien que nous ne soyons pas exactement renseignés, l'initiative paraît, ici, être venue du Gouvernement allemand, désireux d'ajouter un nouvel accord à ceux qui unissent le Grand-Duché et l'Empire voisin. En effet, le Grand-Duché fait partie de l'union douanière germanique; ses chemins de fer sont administrés par une direction allemande, et de ce fait résulte qu'un fort grand nombre d'employés allemands résident au Luxembourg, ou passent constamment la frontière.

Le § 3 de l'art. 1er de l'arrangement du 2 septembre 1905 se réfère formellement aux employés de chemins de fer (p. 116).

L'occasion d'un traité de réciprocité avait été fournie dès le vote de la loi luxembourgeoise du

1. Art. 4.

5 avril 1902, dont il a été question page 111, et il paraît certain que l'arrangement du 15 avril 1905 entre Luxembourg et Belgique, ratifié le 25 octobre suivant, décida le Gouvernement impérial allemand à se servir des dispositions de sa loi relatives aux traités de réciprocité.

Le Chancelier de l'Empire reconnut la législation luxembourgeoise comme équivalant à la législation allemande, sauf en ce qui concerne l'agriculture et l'exploitation forestière, auxquelles le Luxembourg, comme la France, n'étend pas l'assurance obligatoire contre les accidents. Il obtint un avis favorable du Conseil fédéral, et conclut avec le Gouvernement luxembourgeois l'accord du 2 septembre 1905.

TEXTE DE L'ARRANGEMENT ALLEMAND-LUXEMBOURGEOIS (2 SEPTEMBRE 1905)[1].

ARTICLE PREMIER. — A défaut d'autres accords intervenus entre les assureurs compétents des deux États et ratifiés par le Gouvernement du Grand-Duché de Luxembourg et le Chancelier de l'Empire allemand, les exploitations assurées obligatoirement d'après les lois d'assurance-accident des deux États (exception faite pour les exploitations agri-

---

1. Texte officiel donné dans *Mémorial du Grand-Duché de Luxembourg* du 26 septembre et *Reichsarbeitsblatt* du 21 oct. 1905, pp. 885-6; reproduit par le *Bulletin de l'Office du Travail*, juillet 1906, pp. 716-718.

coles et forestières), sont soumises en ce qui concerne les personnes employées dans la partie de l'exploitation qui étend passagèrement son activité sur le territoire de l'autre État et pour la durée de leur emploi, à l'assurance-accident de l'État dans lequel se trouve le siège de la principale entreprise ou de l'entreprise totale.

N'est considérée au sens de l'arrangement comme « partie d'exploitation étendant passagèrement son activité » que celle dont la durée probable ne dépasse pas six mois. Pour chaque partie de l'exploitation, ce laps de temps est compté séparément. .

Doivent être aussi considérés comme passagèrement occupés : le personnel des chemins de fer qui franchit la frontière avec les trains qui la traversent et les personnes qui, sans changer le siège de leurs fonctions, sont, en cas d'urgence, envoyées moins de six mois dans le domaine de l'autre État, pour les besoins du service des chemins de fer.

ART. 2. — S'il s'élève des doutes sur le point de savoir si, d'après les dispositions de l'article 1, les lois d'assurance contre les accidents de l'un ou de l'autre État doivent être appliquées, — à défaut d'entente entre les assureurs des deux pays entre eux et avec l'entrepreneur de l'exploitation et aussi au cas de procédure d'indemnité avec l'ayant droit, — les autorités de l'État dans lequel auront été accomplis les travaux de l'exploitation, cause du différend, — en l'occurrence pour le Luxembourg, le Gouvernement, — pour l'Empire allemand, l'Administration impériale des assurances, — tranchent la difficulté avec compétence exclusive et en dernier ressort.

La décision rendue conformément au paragraphe 1 s'applique aux assureurs dans l'autre État — et sert de règle sans effet rétroactif pour la procédure à suivre et notamment aux questions de contribution, d'indemnité et pour savoir si les organisations dans l'un ou l'autre pays sont compétentes pour le traitement ultérieur de l'affaire.

Avant la décision dont il est question au paragraphe 1, l'assureur intéressé, l'entrepreneur, et, en cas de procédure d'indemnité, l'ayant droit, peuvent être entendus; la décision intervenue doit être signifiée à l'intéressé.

Art. 3. — S'il s'agit d'un accident donnant sans aucun doute lieu à indemnité, mais que des difficultés subsistent sur le point de savoir s'il incombe aux assureurs de l'un ou de l'autre État, le premier assureur, saisi de l'affaire conformément aux prescriptions légales valables pour lui, doit, en attendant, prendre soin de l'ayant droit.

La charge définitive en incombe à l'assureur désigné à bref délai comme tenu d'indemniser.

Art. 4. — Si, d'après les principes de cet arrangement, des exploitations isolées ou des parties d'exploitation ont à passer de l'assurance-accident d'un pays à celle d'un autre, cette mutation n'a lieu qu'à la fin de l'exercice courant. S'il y a entente entre les assureurs des deux États, la mutation avec effets de droit pour tous les intéressés peut être reportée au moment de l'entrée en vigueur du présent arrangement (art. 7). Les obligations résultant d'accidents qui se sont produits avant l'époque de la mutation, doivent être remplies par celui des assureurs chez lequel l'exploitation était assurée avant la mutation.

Art. 5. — Dans l'application des règles de l'assurance-accident — en particulier dans les constatations d'accidents qui incombent à l'assurance-accident d'un pays, mais qui se produisent sur le territoire de l'autre État — les organisations et juridictions compétentes se prêteront une aide mutuelle, sans préjudice de leurs obligations de constater d'office ces accidents.

Art. 6. — Les mesures précédentes sont applicables à ceux des employés de l'Empire d'Allemagne, de l'un des États de l'Union allemande, ou d'une circonscription administrative allemande, employés dans les exploitations assurées obligatoirement et de l'espèce désignée à l'article 1, pour lesquels existent toutefois (à la place de l'assurance-accident allemande), des mesures de secours au cas d'accidents, au sens du paragraphe 7 de la loi allemande d'assurance contre les accidents industriels. Dans ces cas, à la place de l'Administration impériale d'assurance appelée à décider aux termes de l'article 2 — prennent la décision pour les employés impériaux le Chancelier impérial, pour les employés d'État et les employés des circonscriptions administratives l'autorité centrale des États particuliers.

Dans l'application des lois allemandes de protection contre les accidents, les prescriptions de ces lois concernant la mise en valeur de tous autres droits nés d'accidents et fondés d'après les lois allemandes sont aussi valables pour les recours provoqués par un accident arrivé en territoire luxembourgeois et fondés d'après les lois du Luxembourg.

ART. 7. — Cet arrangement entrera en vigueur au commencement du mois qui suivra sa conclusion. Il peut, de part et d'autre, être dénoncé le 1er janvier de chaque année, pour ladite dénonciation produire son effet à partir du 1er janvier de l'année suivante.

Le 23 septembre suivant, le Chancelier d'Empire prit une décision, déclarant la législation luxembourgeoise sur les indemnités en cas d'accidents ouvriers équivalente à celle de l'Allemagne, sauf en ce qui concerne l'Agriculture et les Forêts.

La seconde application de la faculté de traiter qu'offre la loi allemande fut faite au bénéfice de la Belgique, cette fois sur la demande du Gouvernement belge, intéressé, comme dans le cas précédent, à protéger ses émigrants, permanents ou saisonniers.

Dans la loi belge du 24 décembre 1903, le bénéfice de l'indemnité est assuré aux étrangers comme aux Belges, ainsi qu'il est naturel dans un pays qui envoie beaucoup de travailleurs au dehors, et qui espère, pour eux, obtenir l'équivalent de ce qu'il promet sur son territoire.

Après le vote de la convention luxembourgeoise, le Gouvernement belge demanda au Gouvernement allemand un arrangement analogue au profit de ses nationaux, qui lui fut concédé par l'ordonnance du Conseil fédéral de l'Empire allemand en date du 22 février 1906.

TEXTE DE L'ORDONNANCE DU CONSEIL FÉDÉRAL ALLEMAND EN FAVEUR DES SUJETS BELGES, (22 FÉVRIER 1906) [1].

1. — Les dispositions du paragraphe 94, n° 2, de la loi d'assurance contre les accidents dans l'industrie, et du paragraphe 37, alinéa 1er, de la loi d'assurance contre les accidents dans les entreprises de construction, relatives à la suspension de la rente à l'égard des étrangers qui n'ont pas leur résidence habituelle dans le pays, ne s'appliquent

1. *Moniteur belge* du 20 avril 1906, p. 2465, et *Zentralblatt für das deutsche Reich*, édité par le Ministère impérial de l'Intérieur, 34e année, 26 février 1906, p. 239. Texte reprod. dans le *Bulletin de l'Office du Travail*, juillet 1906, p. 719.

pas aux ressortissants du royaume de Belgique, même lorsque les titulaires de rentes n'ont pas leur résidence habituelle dans les districts du royaume de Belgique qui, en vertu de la résolution du Conseil fédéral en date du 13 octobre 1900 (voir ordonnance du 16 octobre 1900, *Zentralblatt*, p. 540), doivent être considérés comme territoire frontière au sens des dispositions précitées [1].

Le droit de toucher la rente est subordonné toutefois à la condition que le titulaire, aussi longtemps qu'il ne réside pas en territoire allemand ou dans un arrondissement étranger considéré, en vertu d'une résolution du Conseil fédéral, comme territoire frontière au sens des dispositions susvisées, se conforme aux prescriptions décrétées ou à décréter pour les nationaux par l'Office impérial des assurances, d'après le paragraphe 94, n° 3, de la loi d'assurance contre les accidents dans l'industrie. A l'égard de ces titulaires de rentes, le jour de l'entrée en vigueur de la présente résolution est considéré comme jour d'entrée en vigueur des prescriptions de l'Office impérial des assurances, en date du 5 juillet 1901.

2. — Les dispositions du paragraphe 21 de la loi d'assurance contre les accidents dans l'industrie et du paragraphe 9 de la loi d'assurance contre les accidents dans les entreprises de construction, relatives à l'exclusion du droit à la rente pour les survivants (ayants droit), ne s'appliquent pas aux ressortissants du royaume de Belgique, même lorsqu'ils n'ont pas, au moment de l'accident, leur résidence habituelle dans les districts du royaume de Belgique considérés comme territoire frontière, en vertu de la résolution du Conseil fédéral, en date du 13 octobre 1900.

3. — Les dispositions qui précèdent ont un effet

---

1. Les districts belges considérés comme territoires frontières sont : les arrondissements de Liège, Verviers, Marche et Bastogne.

rétroactif à partir du 1er juillet 1905, pour autant que la demande d'indemnité n'ait pas fait l'objet d'une décision passée en force de chose jugée, lors de l'entrée en vigueur de la présente résolution.

4. — La présente résolution entre en vigueur le 1er mars 1906.

ARRANGEMENTS FRANCO-BELGE
(21 FÉVRIER 1906)
ET FRANCO-LUXEMBOURGEOIS
(27 JUIN 1906).

La veille de l'accord allemand-belge (p. 115) avait été conclu un arrangement du même genre entre la France et la Belgique, toujours à la demande du Gouvernement belge. Cet arrangement, qui accorde aux ouvriers victimes d'accidents le bénéfice réciproque des lois en vigueur dans les deux pays, complète les traités franco-belges de 1884 et 1897 relatifs au transfert entre ces deux pays des dépôts de Caisses d'épargne (pp. 25-36). Il reste toutefois distinct.

Une autre différence plus profonde avec l'accord franco-italien, c'est qu'il ne se complète point par un engagement de la nation à émigrants, promettant

1. Pour les textes des lois française, belge, luxembourgeoise, voir p. 91, n. 1, et p. 108, n. 1.

d'établir chez elle une protection ouvrière qui compense les charges imposées à l'industrie française par une législation plus avancée. L'arrangement fut voté à l'unanimité par les Chambres belges le 21 mars et les ratifications échangées le 7 juin 1906.

Conformément à la loi française du 9 avril 1898, amendée par celle du 31 mars 1905 sur les accidents du travail, qui permet de modifier par traité dans la limite des indemnités prévues pour les ouvriers français, les dispositions concernant les ouvriers étrangers dont le gouvernement accorde aux Français des avantages équivalents, cette Convention a été promulguée par décret du Président de la République sur la proposition du Ministre des Affaires étrangères et du Ministre du Commerce, de l'Industrie et du Travail ; le 12 juin 1906, deux jours après, le *Journal officiel* français publiait le décret du Président, tandis que le *Moniteur belge* publiait un décret analogue du Roi des Belges[1].

TEXTE

ARTICLE PREMIER. — Les sujets belges, victimes d'accidents du travail en France, ainsi que leurs ayants droits, seront admis au bénéfice des indemnités et des

1. *Annales parlem. Belg.* 1906, *Chambre*, p. 1 021, *Sénat*, p. 246. — *Moniteur belge*, 14 juin 1906, p. 3 925. — *Journal officiel* même j., *Partie off.*, pp. 4013-4. — *Bul. Off. du Trav.*, juill. 1906, pp. 717-719.

garanties attribuées aux citoyens français par la législation en vigueur sur la responsabilité des accidents du travail.

Par réciprocité, les citoyens français, victimes d'accidents du travail en Belgique, ainsi que leurs ayants droit, seront admis au bénéfice des indemnités et des garanties attribuées aux sujets belges par la législation en vigueur sur la réparation des dommages résultant des accidents du travail.

ART. 2. — Il sera toutefois fait exception à cette règle lorsqu'il s'agira de personnes détachées à titre temporaire et occupées depuis moins de six mois sur le territoire de celui des deux États contractants où l'accident est survenu, mais faisant partie d'une entreprise établie sur le territoire de l'autre État. Dans ce cas, les intéressés n'auront droit qu'aux indemnités et garanties prévues par la législation de ce dernier État.

Il en sera de même pour les personnes attachées à des entreprises de transport et occupées de façon intermittente, même habituelle, dans le pays autre que celui où les entreprises ont leur siège.

ART. 3. — Les exemptions prononcées en matière de timbre, de greffe et d'enregistrement et la délivrance gratuite stipulée par la législation belge sur les accidents du travail sont étendues aux actes, certificats et documents visés par cette législation, qui seront passés ou délivrés aux fins d'exécution de la loi française.

Réciproquement, les exemptions prononcées et la délivrance gratuite stipulée par la législation française sont étendues aux actes, certificats et documents visés par cette législation, qui seront passés ou délivrés aux fins d'exécution de la loi belge.

ART. 4. — Les autorités françaises et belges se prêteront mutuellement leurs bons offices en vue de faciliter de part et d'autre l'exécution des lois relatives aux accidents du travail.

ART. 5. — La présente convention sera ratifiée et les

ratifications seront échangées à Paris, le plus tôt possible.

Elle entrera en vigueur en France et en Belgique un mois après qu'elle aura été publiée dans les deux pays, suivant les formes prescrites par leur législation respective.

Elle demeurera obligatoire jusqu'à l'expiration d'une année à partir du jour où l'une ou l'autre des parties contractantes l'aura dénoncée.

En foi de quoi, les plénipotentiaires respectifs ont signé la présente convention et y ont apposé leurs cachets.

Fait en double à Paris, le 21 février 1906[1].

Signé : ROUVIER.

Signé : A. LEGHAIT.

Une deuxième Convention a été signée le 27 juin 1906 par la France et le Luxembourg, puis rendue exécutoire par le décret du 10 novembre 1906[2]. Comme le texte est exactement le même que celui de l'arrangement franco-belge, il est inutile de le reproduire ici.

1. Le *Journal officiel* du 14 juin 1906 a imprimé par erreur le 27, p. 4 014.

2. *Id.*, du 15 novembre 1906, pp. 7 605-6. — *Mémorial* du *Grand-Duché de Luxembourg*, 15 nov. 1906, p. 1 141.

PROJET DE TRAITÉ ENTRE LA FRANCE ET
LE ROYAUME-UNI AU SUJET DE LA
RÉPARATION DU DOMMAGE CAUSÉ PAR
LES ACCIDENTS DU TRAVAIL.

Le ministère libéral anglais a proposé à la France
en 1907 un arrangement analogue aux précédents.

Il fait valoir à ce sujet qu'aucune distinction,
quelle qu'elle soit, n'est faite en Angleterre par la
loi sur les accidents du travail de 1897, remaniée
en 1906 [1], entre les sujets anglais et les sujets
étrangers. Un ouvrier français et ses ayants droit
sont exactement, d'après la loi, dans le même cas
qu'un ouvrier anglais et ses ayants droit. En
France, l'ouvrier anglais est, d'après la loi française, dans des conditions inférieures à celle de
l'ouvrier français sur les trois points suivants :

1° L'ouvrier anglais, s'il cesse de résider en ter-

1. Texte dans *Bulletin de l'Office international du Travail*
Bibliogr., IX), n°s 9-12, 1906, p. 517. — Pour le texte de la loi
rançaise, p. 91 du présent ouvrage, note 1.

ritoire français, doit accepter, pour solde de tout compte, une somme égale à trois fois le montant de l'annuité qui lui a été accordée eu égard à l'accident.

2° Pareillement, les ayants droit d'un ouvrier anglais, qui reçoivent les annuités, doivent, s'ils cessent de résider en territoire français, accepter, en paiement définitif, une somme calculée de la même manière.

3° Les ayants droit d'un ouvrier anglais, s'ils ne résident pas en territoire français au moment de l'accident, n'ont droit à aucune compensation.

Bien que les calculs d'indemnité et la procédure ne soient pas exactement les mêmes en Angleterre et en France, le Gouvernement britannique croit pouvoir estimer que les avantages faits dans les deux pays sont équivalents et il demande en conséquence que, dans les trois cas cités, ses nationaux soient en France traités comme les Français.

Autant qu'on peut en juger d'après les recensements, le nombre de bénéficiaires serait à peu près le même dans les deux pays. En France, on comptait au recensement de 1901, 16282 sujets anglais, dont 14282 travaillant ou vivant en France et, parmi ces derniers, 9973 ouvriers et employés occupés, 342 inoccupés, 2667 travailleurs isolés, soit au total 12982 ouvriers et employés. Dans le Royaume-Uni, le recensement de 1902 ne permet pas de distinguer ouvriers et patrons, ni même de faire un total exact pour l'Écosse et l'Irlande. Il donne pour Angleterre et Galles 20467 Français dont 14066 exerçant une profession [1].

Dans de pareilles conditions, les négociations engagées paraissent devoir réussir, mais on ne peut prévoir quels seront les termes exacts de l'arrangement.

1. *Résultats statistiques du Recensement général de la Population*, Paris, 1901, t. IV, pp. 748-758. — *Census of England and Wales*, 1901. *Summary Tables,...* London, 1903, p. 268.

LA CONFÉRENCE INTERNATIONALE POUR LA PROTECTION OUVRIÈRE

OU

PREMIÈRE CONFÉRENCE DE BERNE (1905).

L'intervention de l'Association internationale pour la protection légale des travailleurs que l'on peut reconnaître, indirecte, mais certaine, dans plusieurs des arrangements précédents, apparaît, évidente et effective, dans l'action qui a préparé d'autres conventions où le souci de la protection ouvrière prend le pas sur la prévoyance.

On sait déjà que cette Association, fondée en 1900, et divisée en sections nationales, avait été le premier organe permanent créé par les partisans de l'intervention de l'Etat en matière sociale, dont on a vu les efforts depuis 1890. Quelques mois après sa création, l'Association établissait et faisait fonctionner un organe central, l'Office interna-

tional du Travail, à Bâle, dont la vie commence le
1er mai 1901 ; elle se mettait à publier le *Bulletin
de l'Office international du Travail* en français, en
allemand, et, plus tard, en anglais (pages 41-47).

Tout en restant institution privée, l'Office de
Bâle reçoit des subventions de divers gouvernements comme le Gouvernement fédéral suisse, le
Gouvernement français, le Gouvernement allemand,
dans les ministères desquels les Directeurs des services concernant le travail et la prévoyance sociale
sont en même temps des membres très actifs de
l'Association internationale pour la protection légale
des travailleurs.

Dans les premières années de son existence,
l'Association continue à fonctionner comme institution particulière, mais avec la collaboration cons-
tante des chefs de service qu'on a indiqués. C'est
ainsi qu'au Congrès tenu par elle à Cologne en
1902 se fait, comme on l'a dit page 50, l'échange
de vues qui prépare le traité franco-italien de 1904.
Dans ce même Congrès[1], et dans celui de Bâle qui
le suivit en 1904[2], l'Association s'occupe de

1. Publications de l'Association internationale pour la protection légale des travailleurs (Bibliogr., X), n° 2. *Compte rendu de la
2e assemblée générale du Comité... tenue à Cologne les 26 et 27 septembre 1902...* Berne, Paris, Iéna, 1903, in-8, p. 23-36, 36-43, 44,
69-71.

2. Publications de l'Association internationale pour la protec-

chercher sur quel terrain on pourrait amener pour la protection légale des travailleurs une action commune des pays représentés en son sein.

Ses membres s'accordent sur deux points, la proscription des poisons industriels, et la réduction du travail de nuit. Puis, voulant présenter une requête aussi limitée mais aussi précise que possible, l'Association choisit, dans le premier ordre de faits, l'interdiction de l'emploi du phosphore blanc, et, dans le second, la suppression du travail de nuit des ouvrières.

Pour arriver à l'action législative, elle s'adresse au Gouvernement helvétique, dont nous avons vu l'initiative en 1881, puis en 1889, Gouvernement à la fois très partisan de l'intervention, et très désireux de faire jouer à la Suisse le rôle international que lui facilitent sa situation centrale, sa neutralité, et la diversité des langues qu'on y parle. Une commission spéciale d'études, réunie à Bâle en septembre 1903, communique au Conseil fédéral deux mémoires détaillés contre le travail nocturne des ouvriers et l'emploi du phosphore blanc. En même temps, elle le prie de convoquer une Conférence internationale, chargée de ménager une entente

tion légale des travailleurs, n° 3. *Compte rendu de la 3ᵉ assemblée générale du Comité... tenue à Bâle les 26, 27 et 28 septembre 1904...* Paris, 1905, in-8.

collective pour la mise en vigueur internationale des deux mesures réclamées par l'Association [1].

Le Conseil fédéral y consent, et, le 30 décembre 1904, il adresse une première circulaire officielle aux ministres représentant les Gouvernements suivants : Allemagne, Autriche-Hongrie, Belgique, Danemark, Espagne, France, Grande-Bretagne, Grèce, Italie, Luxembourg, Pays-Bas, Portugal, Roumanie, Serbie, Suède, Norvège. Dans cette pièce, le Conseil indique les deux objets de la Conférence internationale; il propose, comme date officielle d'ouverture, le 8 mai 1905, comme local la salle du Conseil des États au Palais fédéral à Berne, et il prie les ministres à qui la circulaire est adressée, d'inviter leurs Gouvernements à se faire représenter.

PREMIÈRE CIRCULAIRE DU CONSEIL FÉDÉRAL SUISSE [2]

Berne, le 30 décembre 1904.

Monsieur le Ministre,

A la demande de la Commission instituée par les Délégués, réunis à Cologne, de l'Association internationale pour

1. Publications de l'Association internationale pour la protection légale des travailleurs (Bibliogr., X), n° 4. *Deux mémoires présentés aux gouvernements des États industriels en vue de la convocation d'une Conférence internationale de protection ouvrière...* Paris, 1905, in-8.

2. *Actes de la Conf. diplom. p. la P. O.* Berne, 1906 (Bibliogr., XVIII), pp. 15-17.

la protection légale des travailleurs, le Bureau de cette Association nous a priés, en date du 16 septembre 1903, de vouloir bien convoquer une Conférence internationale aux fins de résoudre les questions suivantes touchant la protection ouvrière :

1° Interdiction de l'emploi du phosphore blanc dans l'industrie des allumettes.

2° Interdiction, pour les femmes, du travail industriel de nuit.

En ce qui concerne ce second point, il résulte des déclarations du Bureau et des « Résolutions » de la Commission précitée (délibérations des 10 et 11 septembre 1903, à Bâle) que la question embrasse les postulats ci-après :

a. Sous le terme de « femmes », on doit entendre toutes les ouvrières, sans distinction d'âge.

b. L'interdiction du travail de nuit des femmes doit consister à assurer à toutes les ouvrières employées dans un établissement industriel, donc en dehors de leur famille, un repos de douze heures consécutives du soir au matin.

c. Des dispenses pourront être prévues pour le cas d'accident imminent ou déjà survenu.

d. Les ouvrières dont le travail s'applique à des produits susceptibles d'altération très rapide, par exemple ceux de la pêche et de certaines industries fruitières, peuvent être autorisées à travailler la nuit, chaque fois que cela est nécessaire pour sauver les produits d'une perte inévitable.

e. Les industries saisonnières et celles dont les besoins sont analogues trouveront, dans une disposition transitoire qui fixe à dix heures la durée du grand repos de nuit, les heures supplémentaires dont elles peuvent avoir besoin dans l'état actuel de leur organisation.

f. Des délais à déterminer pourront être accordés pour la réalisation des réformes.

On trouvera également des renseignements sur la question dans les deux ouvrages suivants : « Mémoire explicatif sur l'interdiction de l'emploi du phosphore blanc dans l'industrie des allumettes » et « Mémoire explicatif sur les Bases d'une interdiction internationale du travail de nuit des femmes ». Ces ouvrages ont été communiqués aux divers Gouvernements, en 1904, par le Bureau de l'Association internationale, au nom de son Comité.

Nous avons fait pressentir confidentiellement les Gouvernements d'un certain nombre d'États, à l'effet de savoir s'ils réserveraient bon accueil à une proposition suisse visant la convocation d'une Conférence internationale. La presque unanimité des États en cause ont officieusement fait connaître leur adhésion provisoire.

Le Conseil fédéral suisse, en cela fidèle à ses traditions, croit donc devoir donner suite à la demande qui lui a été adressée. Nous verrions, nous aussi avec satisfaction, se réaliser enfin, ne fût-ce d'abord que dans un cadre restreint, l'idée d'une entente internationale touchant certaines questions de protection ouvrière. Nous avons le ferme espoir que la Conférence ne se contentera pas de manifestations théoriques, mais qu'elle s'efforcera de préparer une entente effective entre les États. Nous estimons, à cette fin, qu'il y aurait lieu, pour la Conférence, d'établir les principes de Conventions internationales; ce travail, cela va de soi, ne préjugerait en rien les intentions des Gouvernements représentés à la Conférence, et la conclusion même des Conventions demeurerait entièrement réservée à d'ultérieures négociations diplomatiques.

Nous proposons de faire figurer au programme de la Conférence les questions mentionnées sous chiffres 1 et 2 ci-dessus et définies sous lettres *a* à *f*. L'idée d'étendre l'interdiction du travail de nuit aux jeunes gens du sexe masculin, jugée inopportune de différents côtés, a été abandonnée. Il est désirable que, par le fait même de l'étroite limitation de son programme, la Conférence aboutisse plus facilement à une entente féconde en heureux résultats.

La Conférence internationale s'ouvrira le lundi 8 mai 1905, à 3 heures de l'après-midi, dans la salle du Conseil des États, au Palais fédéral, à Berne. En y conviant le Haut Gouvernement de Votre Excellence, nous le prions de vouloir bien nous faire connaître les noms de ses Délégués.

La présente note-circulaire a été adressée aux Gouvernements des pays suivants : Allemagne, Autriche-Hongrie, Belgique, Danemark, Espagne, France, Grande-Bretagne, Grèce, Italie, Luxembourg, Pays-Bas, Portugal, Roumanie, Serbie, Suède et Norvège.

Veuillez agréer, Monsieur le Ministre, l'assurance de notre considération très distinguée.

Au nom du Conseil fédéral suisse :

Le Président de la Confédération,
COMTESSE.

Le Chancelier de la Confédération,
RINGIER.

La préparation du Congrès ne va pas, autant qu'on peut être informé, sans quelques difficultés de la part des diplomates, qui paraissent, en général, redouter les efforts des pays neutres pour organiser des conférences et des bureaux internationaux dans lesquels les employés sont presque toujours des nationaux du pays siège; de plus, en l'espèce, les diplomates ne voient pas sans quelque inquiétude s'ouvrir un nouveau champ de négociations, où le rôle directeur peut passer à d'autres qu'eux-mêmes. Mais ces objections — si le mot n'est pas trop fort — ne tiennent pas longtemps devant l'action des chefs de service partisans de la politique internationale du travail.

A l'exception de la Grèce, de la Roumanie et de la Serbie, peu intéressées dans les questions à résoudre, tous les États invités consentent à se faire représenter, ce qui donne, avec la Suisse et en comptant séparément la Hongrie, 15 participants.

La Conférence internationale pour la protection ouvrière s'ouvre, en effet, à la date fixée, et siège du 8 au 17 mai 1905. Elle accepte le règlement suivant : [1].

RÈGLEMENT

ARTICLE 1er. — La Conférence est formée de tous les délégués des États participants.

ART. 2. — Après l'adoption du règlement, la Conférence procède à l'élection d'un président, d'un vice-président, du secrétariat et des traducteurs.

ART. 3. — Une discussion générale est ouverte sur le programme soumis à la Conférence (note du Conseil fédéral suisse du 30 décembre 1904).

La Conférence décide, s'il y a lieu, d'élire des commissions pour préparer les diverses questions formulées dans le programme ou pour rédiger des propositions et dans

1. *Conférence intern. pour la P. O.* (Bibliogr., XVII), Berne, 1905, pp. 17-19.

l'affirmative elle procède à l'élection de ces commissions.

Chaque délégation peut désigner ceux de ses membres qui feront partie de chaque commission, mais elle n'y aura qu'une voix.

Art. 4. — Chaque commission désigne son président et ses rapporteurs (français et allemand). Le rapport écrit tient lieu de procès-verbal. Les membres du Bureau de la Conférence peuvent assister aux séances des commissions.

Le Bureau met à la disposition des commissions les traducteurs dont elles ont besoin.

Art. 5. — Les experts adjoints aux délégations peuvent assister aux séances de la Conférence sans voix consultative ni délibérative, à celles des commissions, avec voix consultative.

Art. 6. — Les propositions des commissions doivent être imprimées et remises aux membres de la Conférence avant d'être mises en discussion.

Il en sera de même, en règle générale, de toute proposition individuelle si elle a été prise en considération par la Conférence.

Art. 7. — En règle générale toute proposition présentée à la Conférence ou aux commissions doit être remise par écrit au Président.

Art. 8. — Les délibérations ont lieu en langues française et allemande.

Les actes de la Conférence sont imprimés dans la langue des rapporteurs et des orateurs.

Les propositions sont distribuées dans les deux langues.

Art. 9. — Le vote a lieu, en règle générale, par appel nominal des États, dans l'ordre alphabétique français.

Chaque État a une voix.

Art. 10. — Le procès-verbal indique l'ordre des délibérations, contient les rapports des commissions, le texte des propositions et des résolutions, et donne un résumé des arguments présentés.

Les procès-verbaux définitifs sont publiés dans les deux langues française et allemande.

Tout délégué à le droit de demander la reproduction intégrale de son discours dans le procès-verbal, mais dans ce cas il est tenu d'en remettre le texte par écrit au secrétariat dans la soirée qui suit la séance.

Le procès-verbal de chaque séance est soumis en épreuve aux délégués. Les épreuves corrigées doivent être retournées au secrétariat dans les 24 heures. Il n'est pas donné lecture du procès-verbal.

Chaque procès-verbal doit être revêtu des signatures du président et du secrétaire.

ART. 11. — Les séances de la Conférence et des commissions ne sont pas publiques.

ART. 12. — Le résultat des délibérations de la Conférence sera rédigé sous forme de projets de Conventions internationales. Ces projets seront signés par les délégués qui y auront adhéré et envoyés par le Conseil fédéral suisse aux États participants, en vue des négociations diplomatiques, qu'ils jugeront utiles d'ouvrir.

La Conférence résolut de traiter d'abord en séance plénière les questions de principe, puis de renvoyer les points de détail à des commissions chargées de préparer des rapports et de rédiger des textes qui seraient proposés dans la dernière ou les dernières séances plénières.

Les deux questions à l'ordre du jour, phosphore et travail féminin de nuit, furent traitées séparément chacune à son tour. A la présidence de la commission chargée d'étudier la première fut placé M. Caspar, directeur au Ministère de l'Intérieur en

Allemagne, à celle de la seconde, **M**. Waddington, membre du Sénat français, président de la Commission supérieure de Travail, hommage rendu aux deux grands États qui, avec la Suisse, contribuèrent le plus au succès de la Conférence et y jouèrent le principal rôle.

LE PHOSPHORE BLANC

Sur la première question, le mémoire préparé en 1903 [1] exposait les faits et arguments qui suivent.

L'emploi du phosphore blanc cause, chez les ouvriers, une maladie des os appelée nécrose, qui se manifeste généralement par la chute des dents et la carie du maxillaire inférieur, et qui rend extrêmement fragile le reste du squelette.

C'est en 1845 que le docteur Lorinser, de Vienne, établit que cette maladie, connue depuis longtemps, était due aux vapeurs du phosphore : deux ans auparavant, dans la période d'études, le Gouvernement autrichien avait prescrit des mesures d'hygiène. Son exemple fut suivi par le canton de Zurich en 1847, la Prusse en 1857, le canton de Berne en 1864, la Finlande en 1865. La plupart des dispositions adoptées interdisaient de fabriquer

1. Publications de l'A. I. P. L. T (Bibliogr., X), n° 4. *Premier mémoire explicatif*, pp. 4-8. — *Conf. intern. p. la P. O.* Berne, 1905 (Bibliogr., XVII), pp. 49, 53 (exposé de M. Cunynghame, dél. anglais).

les allumettes phosphorées ailleurs que dans des usines, car le contrôle n'est point possible à domicile.

Cette défense ne put être mise en vigueur, et force fut alors de songer à l'interdiction du poison industriel. Rien ne s'opposait à cette solution depuis que le Suédois Lundström avait démontré qu'on pouvait remplacer le phosphore à la tête des allumettes par un produit non toxique. Pourtant, les gouvernements hésitèrent longtemps à prescrire l'ancien procédé, parce que la clientèle demandait une allumette pouvant s'allumer en frottant n'importe où, parce que la « suédoise » ne pouvait se faire qu'en un bois tendre comme celui du tremble, moins répandu que les bois résineux employés à recevoir le phosphore, et que sa fabrication exigeait un matériel coûtant au moins 100 000 francs pour les moindres entreprises.

La résistance dura jusqu'en 1872.

A cette date, deux considérations nouvelles, le danger d'incendie et les avortements commis à l'aide du phosphore, décidèrent le Grand-Duché de Finlande à prohiber l'emploi du phosphore blanc. En 1874 le Danemark suivit cet exemple. Depuis cette époque à 1903, le nombre des allumettiers danois à passé de 180 à 303 dont 134 femmes,

90 hommes, 39 jeunes gens, 20 enfants, et nul cas de nécrose n'a été constaté parmi eux.

En 1878, l'inspection fédérale du travail nouvellement créée en Suisse fit un rapport au Conseil fédéral pour demander la suppression du phosphore blanc. Ce poison industriel fut interdit par une loi du 23 décembre 1879; mais les fabricants d'allumettes se plaignirent et réussirent à faire rapporter la loi (1882). Néanmoins les adversaires du phosphore reprirent le dessus, et obtinrent une interdiction définitive par la loi du 2 novembre 1898. Avant l'interdiction, la Suisse occupait 349 allumettiers, dont 195 femmes et 53 jeunes gens; après, 327, dont 200 femmes. De 110 000 francs la valeur de l'exportation est tombée à 16 093 francs (1902), tandis que l'importation, sans cesse croissante, arrivait la même année à 139 480 francs. La douane arrête, à l'entrée, les allumettes toxiques.

Les Pays-Bas ont imité la Suisse, dans l'année 1901, en interdisant à la fois la fabrication et l'importation. Le personnel a diminué, mais c'est par l'effet de l'emploi des machines (682 ouvriers en 1890, 622 en 1900). La même cause explique la proportion croissante des femmes et des enfants, qui atteint 60 p. 100. La production reste sensiblement la même.

En 1903, l'Empire d'Allemagne a interdit l'emploi du phosphore blanc à partir de 1907. Présentant la loi au Reichstag, M. de Posadowsky se réjouissait, entre autres avantages, de ce qu'un nouveau produit chimique permettait de préparer des suédoises « avec le bois de nos conifères allemands ». L'Allemagne fabriquait en 1899 6 millions et demi de kilos d'allumettes phosphorées, et 8 millions d'autres. Un quart environ de cette production s'exportait; mais lorsque les pays voisins, Danemark, Suisse, Pays-Bas, eurent prohibé l'importation des allumettes phosphorées, ce fut l'Allemagne qui en souffrit; la concurrence du Japon la chassa d'autres marchés. En 1901, l'exportation ne faisait plus que le vingtième de la production totale et elle comprenait surtout des allumettes suédoises ou analogues. A l'intérieur, les trois quarts des allumettes vendues étaient, en 1884, des phosphorées; en 1899 la proportion était tombée aux deux cinquièmes.

Deux États, la France et la Roumanie, se trouvent dans un cas particulier, parce que la fabrication des allumettes est chez elles un monopole d'État : la suppression du phosphore peut s'y faire par un simple règlement.

En France on vit, en 1896, la nécrose attaquer

un tiers des ouvriers d'une des 6 manufactures; après ce malheur, on fit des essais pour remplacer le phosphore blanc, et, au 1ᵉʳ octobre 1898, on fabriqua exclusivement des allumettes où le phosphore est remplacé par un mélange de chlorate de potasse, de sesquisulfure de phosphore inoffensif, le soufre par la paraffine. Depuis cette date, aucun cas de nécrose n'a été constaté parmi les 2 050 ouvriers allumettiers de la région parisienne.

En Roumanie, les mêmes raisons qu'en France amenèrent le Gouvernement à supprimer de la fabrication le phosphore en 1900; dès lors, aucun cas de nécrose ne fut signalé parmi les 400 allumettiers.

Il est à noter que les deux régies précitées, si elles ne fabriquent plus d'allumettes phosphorées, en achètent au dehors, pour leur clientèle nationale; c'est ce que fait, par exemple, la France en Suède.

La Suède a interdit chez elle la vente des allumettes phosphorées dès 1897, pour les mêmes raisons que la Finlande et le Danemark; mais, seconde exportatrice du monde après le Japon, elle a laissé à ses nationaux la liberté de fabriquer pour l'étranger. Son exportation vaut 3 150 000 francs. On compte 4 millions et demi de francs pour les allumettes phosphorées, sur 10 1/2 que vaut le

total de la fabrication; les 20 fabriques d'allumettes occupaient, en 1900, 6 407 personnes dont
1 852 jeunes gens et 2 036 femmes, près d'un quart
du total s'employant aux allumettes phosphorées[1].
Les boîtes, faites à domicile, donnaient du travail
à un millier de personnes.

Les autres États se sont bornés à prescrire des
mesures d'hygiène, à interdire le travail des enfants
et à limiter la durée de celui des femmes.

. A la Conférence de 1905, parmi les États consultés, un exportateur, l'Italie, qui occupe 7 000 ouvriers, ne fait pas d'objections à la prohibition[2].

Deux États exportateurs, la Belgique qui emploie
3 000 ouvriers, l'Angleterre qui en a 2400, se
déclarent opposés à une réglementation qui leur
enlèverait un article de vente.

Les autres, fabriquant peu, acceptent en principe l'interdiction.

Le délégué anglais à Berne fait remarquer que
de 1887 à 1897, année où l'on a appliqué les
mesures d'hygiène obligatoires dans les ateliers, le
nombre des fabriques est tombé de 24 à 14, des
ouvriers de 4 000 à 2 400, l'exportation des allumettes phosphorées de 786 100 grosses de boîtes

1. *Conf. int. p. la P. O.* Berne, 1905 (Bibliogr., XVII), pp. 27, 54.
2. *Conf. inter.*, Berne, 1905 (Bibliogr., XVII), pp. 49, 55.

à 355 000, tandis que l'importation montait de 4 065 619 à 4 618 106. Le nombre des empoisonnements est descendu de 9 à 1 ou 0 par an ; il n'y a donc pas lieu, suivant lui, d'interdire la fabrication [1].

Restent à part les États à monopole qui ne sont pas, comme la France et la Roumanie, maîtres de leur fabrication, mais l'ont concédée à des compagnies pour un temps durant lequel elles ne peuvent modifier les conditions de fabrication. C'est le cas du Portugal, de la Grèce, de la Bulgarie et de la Serbie.

A l'ouverture des débats, la délégation suisse appuie la proposition contenue dans la circulaire du Conseil fédéral c'est-à-dire « l'interdiction de l'emploi du phosphore blanc dans l'industrie des allumettes [2] ».

La délégation allemande accepte, avec la réserve qu'on n'instituera pas de contrôle international.

Le délégué espagnol déclare qu'il est favorable au principe, mais que ses instructions l'envoient *ad audiendum*, que, par suite, son rôle doit se borner à écouter et à rendre compte. Le délégué suédois réserve son opinion. De même pour le Norvégien, l'Italien, l'Anglais, qui trouvent la réglementation suffisante.

1. *Conf. intern.*, Berne, 1905 (Bibliogr., XVII), pp. 50, 53.
2. *Ibid.*, pp. 13, 24, 27, 49.

Le délégué du Portugal fait remarquer que son Gouvernement n'est pas libre de se prononcer tant que durera le contrat passé par lui avec la compagnie monopoliste.

Les délégations de l'Autriche, de la Hongrie, de la Belgique, nations exportatrices, déclarent ne pouvoir adhérer si leur principal concurrent, le Japon, ne donne l'exemple. Cette restriction est admise, et le projet primitif est renvoyé à la Commission. Il y prend la forme des « Bases » qui seront publiées plus loin (p. 157).

Le renvoi à une deuxième conférence qu'on tiendra plus tard réunit les adhésions de 11 États : Allemagne, Autriche, Belgique, France, Hongrie, Italie, Luxembourg, Pays-Bas, Suisse; enfin, sous les réserves indiquées, Espagne, Portugal.

4 États s'abstiennent : Danemark, Grande-Bretagne, Norvège, Suède. Les délégués du second motivent leur abstention sur le fait que leur gouvernement considère comme inutile la prohibition totale et comme parfaitement suffisante « l'application des règlements et spécialement la visite obligatoire des dents des ouvriers », c'est-à-dire les mesures en vigueur sur son territoire[1].

---

1. *Conf. intern.*, Berne, 1905 (Bibliogr., XVII), pp. 24, 27, 29, 75. Voir en outre, *Bulletin de l'Office du Travail*, Paris, juin 1905, p. 535, avril 1906, p. 350.

LE TRAVAIL DE NUIT DES FEMMES

Sur la deuxième question, un mémoire dressé par
l'Association internationale et adressé aux divers
Gouvernements en même temps que celui où la
question du phosphore est traitée offrait un rac-
courci de la situation présente [1].

D'après ce document, le travail de nuit des
femmes est interdit par des lois en Allemagne, en
Autriche, en France, en Grande-Bretagne, en Italie,
aux Pays-Bas, en Suisse, en Russie, mais, en ce
dernier pays, avec des dérogations qui rendent la
mesure presque illusoire [2].

Il ne l'est qu'aux femmes au-dessous de vingt et
un ans en Belgique, Portugal ; de dix-huit ans en
Danemark, Norvège, Suède, Finlande ; de seize ans
en Hongrie et Luxembourg.

La statistique dressée par l'Association pour les
pays hors d'Europe est incomplète. De plus elle

1. 2ᵉ *Mémoire explicatif* (Bibliogr., X, n° 4), p. 9.
2. *Ibid.*, p. 20.

s'arrête à la lettre de la loi, laissant parmi les pays qui n'interdisent pas le travail nocturne des ouvrières, des colonies comme Sud-Australie, où la journée de huit heures s'est établie en pratique et où l'usage s'oppose au travail de nuit. Le mémoire reconnaît d'ailleurs cette situation[1]. Parmi les pays hors d'Europe où les ouvrières travaillent, en fait, la nuit, est cité le Japon qui occupe environ 250 000 ouvrières.

Avec les restrictions données, on peut admettre comme approximatif, pour l'univers, le chiffre d'un million d'ouvrières dans les pays sans protection, et de 350 000 pour les pays qui protègent seulement les mineures[2].

La réglementation de la durée du travail des femmes est donc admise par la plupart des États de l'Europe occidentale, tandis qu'aucun, sauf l'Autriche, la France et la Suisse, ne réglemente le travail des hommes. Compléter et égaliser cette législation paraît donc le meilleur point de départ pour une première entente internationale[3].

L'expérience a prouvé que l'interdiction fait augmenter le nombre des ouvriers, n'abaisse pas

1. 2ᵉ *Mémoire explicatif*, pp. 7, 10.
2. *Ibid.*, p. 9.
3. 2ᵉ *Mémoire*, p. 5.

leurs salaires, — ce qui peut provenir de causes sans rapport direct avec les lois en question — qu'elle assure une meilleure production, qu'elle abaisse le taux de la mortalité, qu'elle permet enfin aux ouvrières la vie de famille et une existence plus confortable. C'est donc, « au premier chef », une mesure d'hygiène publique.

Enfin, le mémoire combat quelques objections à la législation internationale. On invoque, dit-il, la différence des conditions dans les divers pays. Mais « les salaires, le perfectionnement industriel, les conditions de transport des mines et forges situées sur le Rhin et en Silésie, les modes d'exploitation de l'industrie dentellière à Gand et à Bruges, de l'industrie lainière à Sedan et à Roubaix, en Moravie et dans le nord de la Bohême, sont tout au moins aussi différents qu'entre des centres industriels de pays de législation ouvrière différente. Et pourtant, une seule et même législation ouvrière est applicable à toute la grande industrie d'un pays [1].

On objecte encore que les divers pays n'échangent point des charges équivalentes. Et qu'en sait-on? L'un d'eux n'aura pas limité le travail des adultes, par exemple, mais il imposera aux patrons

____

1. 2ᵉ *Mémoire explicatif*, p. 43.

de contribuer aux assurances ouvrières, ce que ne fait pas son concurrent plus avancé en ce qui concerne la réglementation ci-dessus indiquée.

Enfin, on doit, entre nations comme entre régions d'un pays, pousser les industriels à « égaliser » leur concurrence non « aux dépens de la classe ouvrière », mais en perfectionnant leur technique. Or, l'exemple des pays avancés prouve que la voie à suivre pour ce progrès, c'est la protection légale des travailleurs.

Le mémoire examine les dérogations admises par les lois des divers pays[1], et cherche à coordonner celles qui se représentent partout, à exclure les autres.

Il condense les cas généraux d'exception qui pourraient disparaître par entente internationale, accumulation exceptionnelle du travail, usines à feu continu, préparation du travail journalier d'autres ouvriers, insuffisance d'ouvriers mâles, industries exceptées d'interdiction avec ou sans motif.

On doit noter surtout l'argumentation contre la dérogation « aux périodes d'accumulation inusitée du travail qui peuvent se produire même en

---

1. 2ᵉ *Mémoire*, pp. 16, 34.

dehors des saisons. La législation, dit le mémoire, accentue ainsi la dépendance de l'industrie des spéculations commerciales d'une manière qui influe défavorablement sur la répartition des commandes.... Cette exception a été surtout motivée... par cette considération qu'un refus de la part des industriels d'un pays ferait profiter ceux d'un autre pays.

« Cette considération tomberait avec la suppression, par voie d'entente internationale, de cette exception [1]. »

Dans sa conclusion, le mémoire revient sur l'avantage qu'offrent aux patrons des arrangements internationaux pour égaliser les conditions et les frais de travail et de vente, et il renvoie à un article de M. Millerand sur ce sujet[2].

A ce propos encore, le mémoire cite la déclaration suivante faite par M. de Posadowsky à la tribune de Reichstag, le 30 janvier 1902.

Je crois, je le répète ici et j'insiste pour le dire, qu'il convient à notre égoïsme national d'agir de manière que les autres États s'occupent de la même façon et avec autant de profit que le fait l'Allemagne de la question de la protection et du bien-être des ouvriers; car cet accord est aussi une question de commerce international et de con-

1. 2ᵉ *Mémoire*, pp. 35, 42-43.
2. *Revue politique et parlementaire*, oct. 1903.

currence au point de vue de sa production. Si nous agissons de manière que les autres États supportent les mêmes charges pour la protection et le bien-être des ouvriers que l'Allemagne, cela pourrait même nous permettre peut-être de modérer nos tarifs de douane, car la question des charges supportées par l'industrie pour couvrir les frais résultant de la protection des ouvriers est une question de dépenses brutes et celles-là entrent évidemment dans la concurrence sur le marché de travail international. Je crois donc que nous avons le plus pressant intérêt à ne pas nous poser en ennemis vis-à-vis de tels efforts, mais plutôt à les considérer favorablement[1].

Devant la Conférence de Berne[2], la délégation suisse appuie la proposition du Gouvernement fédéral pour l'interdiction du travail nocturne des ouvrières pendant douze heures consécutives.

Donnent une adhésion sans réserves : la France ; l'Autriche, bien que, chez elle, la loi en vigueur limite à neuf heures le repos de la nuit ; la Hongrie, bien qu'elle n'ait pas encore interdit le travail nocturne des femmes ; enfin, le Luxembourg.

1. Publication de l'A. T. P. L. (Bibliogr., X), n° 4, 2° *Mémoire*, pp. 43-44. Discours de M. de Posadowsky dans *Stenographische Berichte*, X^{te} Legislatur Periode, 1900-3, 4, 97-131, p. 3779 (discussion du budget de l'Intérieur). Comparer les déclarations de MM. Waddington et Méline au Sénat français en 1904 (pp. 52-58 du présent ouvrage). L'auteur du mémoire ici analysé ne les cite pas et n'y fait même pas une allusion. Comme référence française, il ne donne qu'un article de M. Millerand (v. la p. précédente) et ne parle pas de la déclaration de M. Millerand ministre au Sénat en 1900 (p. 39 du présent ouvrage).
2. *Conférence internationale*, Berne, 1905 (Bibliogr., XVII), pp. 27, 32.

Se déclarent favorables, avec des restrictions qu'ils se proposent de faire valoir devant la Commission qu'on chargera de préparer un texte : l'Allemagne, qui désire excepter la petite industrie; la Norvège qui pense de même, la Grande-Bretagne, l'Italie, le Portugal, qui ont seulement à présenter quelques observations de détail, les Pays-Bas qui préféreraient garder leur méthode, c'est-à-dire réglementer directement la durée du travail de jour au lieu d'y arriver par la voie de l'interdiction du travail nocturne proposée par les initiateurs du Congrès.

La Belgique suit l'exemple des précédents, mais, n'ayant pas interdit jusqu'à présent le travail de nuit pour les femmes, elle trouve l'interruption de douze heures trop longue et elle fera avant de céder une longue défense qui s'explique de la part du pays auquel on demandait le sacrifice le plus justifié mais aussi le plus gros.

L'Espagne, la Suède, se maintiennent dans la même réserve qu'à propos du phosphore.

Pour rédiger un texte, la Conférence nomme une commission qui présente son rapport le 16 mai.

Les deux rappporteurs, allemand et français, constatent qu'on s'est mis d'accord sur les principaux points.

Pour excepter la petite industrie, l'Allemagne et le Luxembourg demandaient que la convention ne s'appliquât qu'aux établissements occupant plus de 10 personnes; l'Autriche et la Hongrie proposaient 20, l'Italie, les Pays-Bas, le Portugal, la Suède, 5; les autres, sauf la Norvège qui s'abstenait, ne voulaient excepter que le travail à domicile. A l'unanimité, on a accordé que les établissements visés seraient ceux qui emploient au moins 10 ouvriers.

A la Belgique, la Norvège et la Suède, qui demandaient une interruption de dix heures et non de douze, on a offert onze heures, sur la proposition de l'Italie et de la Hongrie, compromis qui a été accepté. De plus, on a accordé une période transitoire de dix heures pendant trois ans aux puissances qui inaugureraient l'interdiction.

Enfin, on a réglé toutes les dérogations. Les principales sont accordées à l'industrie sucrière, sur la demande de l'Autriche et de la Hongrie, à l'industrie laitière, sur la demande de la Belgique.

Les Pays-Bas déclarent adhérer sans réserves, tout en maintenant leur préférence pour une autre méthode.

Les délégués du Danemark et ceux de la

Norvège adhèrent personnellement, sous réserve d'approbation par leur gouvernement.

Mises en discussion, les bases sont adoptées avec de très légers changements par 13 délégations, savoir : Allemagne, Autriche, Belgique, Danemark, Espagne, France, Hongrie, Italie, Luxembourg, Norvège, Pays-Bas, Portugal, Suisse.

Deux se sont abstenues : Suède et Grande-Bretagne.

La délégation britannique motive son abstention par le fait qu'elle n'est pas « munie de pouvoirs lui permettant d'engager la Grande-Bretagne dans cette question, que cela n'était d'ailleurs pas nécessaire, les lois anglaises actuelles assurant à toutes les ouvrières un temps de repos excédant onze heures[1] ». En somme elle tient la même attitude que pour le phosphore[2].

ACTE FINAL DE LA CONFÉRENCE INTERNATIONALE POUR LA PROTECTION OUVRIÈRE[3].

Les délégués des Gouvernements de l'Empire Allemand, de l'Autriche, de la Hongrie, de la Belgique, du Danemark de l'Espagne, de la France, de la Grande-Bretagne, de

1. *Conf. intern.*, Berne, 1905 (Bibliogr., XVII), pp. 74, 75, 85, 94.
2. Voir ici p. 147.
3. *Actes de la Conf. diplom. p. la P. O.* Berne, 1906 (Bibliogr., XVIII) pp., 20-24.

l'Italie, du Luxembourg, de la Norvège, des Pays-Bas, du Portugal, de la Suède, de la Suisse se sont réunis en Conférence le 8 mai 1905 à Berne, pour examiner les solutions à donner aux deux questions contenues dans la circulaire du Conseil fédéral suisse, du 3 décembre 1904. Les délégués soussignés sont convenus de prier le Conseil fédéral suisse de bien vouloir saisir les Gouvernements des Hauts États intéressés, en vue des négociations diplomatiques qu'ils jugeront utile d'ouvrir, des propositions ci-après qui constituent le résultat des délibérations de la Conférence et forment les Bases de Conventions internationales à conclure :

I. BASES D'UNE CONVENTION INTERNATIONALE SUR L'INTERDICTION DE L'EMPLOI DU PHOSPHORE BLANC (JAUNE) DANS L'INDUSTRIE DES ALLUMETTES.

ARTICLE PREMIER. — A partir du 1er janvier 1911, il sera interdit de fabriquer, d'introduire ou de mettre en vente des allumettes contenant du phosphore blanc (jaune).

ART. 2. — Les actes de ratification devront être déposés au plus tard le 31 décembre 1907.

ART. 3. — Le gouvernement du Japon sera invité à donner son adhésion à la présente Convention avant le 31 décembre 1907.

ART. 4. — La mise en vigueur de la Convention reste subordonnée à l'acceptation de tous les États représentés à la Conférence et du Japon.

II. BASES D'UNE CONVENTION INTERNATIONALE SUR L'INTERDICTION DU TRAVAIL DE NUIT DES FEMMES EMPLOYÉES DANS L'INDUSTRIE.

ARTICLE PREMIER. — Le travail industriel de nuit sera interdit à toutes les femmes, sans distinction d'âge, sous réserve des exceptions prévues ci-après.

La Convention s'appliquera à toutes les entreprises

industrielles où sont employés plus de dix ouvriers et ouvrières; elle ne s'appliquera en aucun cas aux entreprises où ne sont employés que les membres de la famille.

A chacune des parties contractantes incombera le soin de définir ce qu'il faut entendre par entreprises industrielles. Dans celles-ci seront comprises les mines et carrières, ainsi que les industries de fabrication et de transformation des matières; la législation nationale précisera sur ce dernier point la limite entre l'industrie, d'une part, l'agriculture et le commerce, d'autre part.

ART. 2. — Le repos de nuit visé à l'article précédent aura une durée minimum de onze heures consécutives; dans les onze heures, quelle que soit la législation de chaque État, devra être compris l'intervalle de dix heures du soir à cinq heures du matin.

Toutefois, dans les États où le travail de nuit des femmes adultes employées dans l'industrie n'est pas actuellement réglementé, la durée du repos ininterrompu pourra, à titre transitoire et pour une période de trois ans au plus, être limitée à dix heures.

ART. 3. — L'interdiction du travail de nuit pourra être levée :

1. En cas de force majeure, lorsque dans une entreprise se produit une interruption du travail, impossible à prévoir et n'ayant pas un caractère périodique;

2. Dans le cas où le travail s'applique à des matières susceptibles d'altération très rapide, chaque fois que cela sera nécessaire pour sauver ces matières d'une perte inévitable.

ART. 4. — Dans les industries soumises à l'influence des saisons et en cas de circonstances exceptionnelles pour toute entreprise, la durée du repos ininterrompu de nuit pourra être réduite à dix heures, soixante jours par an.

ART. 5. — Les ratifications de la Convention à intervenir devront être déposées au plus tard le 31 décembre 1907.

Pour la mise en vigueur de la Convention, il sera stipulé un délai de trois ans à dater du dépôt des ratifications.

Ce délai sera de dix ans :

1. Pour les fabriques de sucre brut de betterave ;

2. Pour le peignage et la filature de la laine ;

3. Pour les travaux au jour des exploitations minières, lorsque ces travaux sont arrêtés annuellement, quatre mois au moins, par des influences climatériques.

Fait à Berne, le seize mai de l'an mil neuf cent cinq, en un exemplaire français et un exemplaire allemand, qui seront déposés dans les archives de la Confédération suisse et dont une copie légalisée sera remise, par la voie diplomatique, à chaque Gouvernement représenté à la Conférence.

(Suivent les signatures pour chacune des deux Bases.)

LA CONFÉRENCE DIPLOMATIQUE
POUR LA PROTECTION OUVRIÈRE

ou

LA DEUXIÈME CONFÉRENCE DE BERNE

(1906)

Dès que les comptes rendus de la première Conférence et les « Bases » sont imprimées, le Conseil fédéral les transmet aux États participants et les invite à nommer des plénipotentiaires chargés de conclure un accord définitif. Tel est l'objet des circulaires suivantes.

DEUXIÈME CIRCULAIRE DU CONSEIL FÉDÉRAL[1].

Berne, le 26 juin 1905.

Monsieur le Ministre,

Par note-circulaire du 30 décembre 1904, nous avions invité votre Gouvernement à se faire représenter à une

1. *Actes de la Conf. diplom. p. la P. O.* Berne, 1906 (Bibliogr., XVIII), pp. 18-19.

Conférence internationale pour la protection ouvrière, qui devait avoir lieu à Berne.

A notre vive satisfaction, vous avez bien voulu donner suite à notre invitation, et nous vous en exprimons ici toute notre gratitude. La participation de quinze États a permis à la Conférence, dans sa session du 8 au 17 mai 1905, d'épuiser le programme proposé par notre circulaire et de prendre d'importantes décisions.

Nous vous remettons ci-joint les procès-verbaux de la Conférence, en faisant remarquer que MM. les Délégués des États participants les recevront directement.

De plus, en exécution d'une décision de la Conférence, nous vous remettons encore, en une copie légalisée, l'« Acte final de la Conférence internationale pour la protection ouvrière [1] ».

Conformément à l'article 12 du règlement adopté par la Conférence (procès-verbal n° 1, page 17), l'Acte final déclare ce qui suit :

« Les Délégués soussignés sont convenus de prier le Conseil fédéral suisse de bien vouloir saisir les Gouvernements des Hauts États intéressés, en vue des négociations diplomatiques qu'ils jugeront utile d'ouvrir, des propositions ci-après, qui constituent le résultat des délibérations de la Conférence et forment les bases de Conventions internationales à conclure :

« I. Bases d'une Convention internationale sur l'interdiction de l'emploi du phosphore blanc (jaune) dans l'industrie des allumettes (articles 1 à 4).

« II. Bases d'une Convention internationale sur l'interdiction du travail de nuit des femmes employées dans l'industrie (articles 1 à 5). »

En donnant volontiers suite à cette demande, nous soumettons à votre examen les décisions de la Conférence.

Une Conférence diplomatique nous semble indispensable pour transformer ces décisions en Conventions.

1. Reproduit ici, pp. 156-9.

Nous vous serions extrêmement obligés de nous faire savoir si vous êtes d'accord avec nous sur ce point et, dans l'affirmative, de nous faire connaître votre manière de voir touchant le lieu et la date de la Conférence.

Nous attendons jusqu'à la fin du mois d'octobre prochain la réponse qu'il vous plaira de vouloir bien nous faire. Nous avons le ferme espoir que, commencée sous d'heureux auspices, l'œuvre humanitaire dont il s'agit sera menée à bonne fin.

La présente circulaire est adressée aux Gouvernements des Etats qui étaient représentés à la Conférence de Berne. En même temps, conformément à l'article 3 des Bases mentionnées sous n° 1, nous invitons le Gouvernement Impérial du Japon à nous faire connaître s'il juge à propos, comme on le désire, d'adhérer à la Convention.

Au nom du Conseil fédéral suisse :

Le Président de la Confédération,
RUCHET.

Le Chancelier de la Confédération,
RINGIER.

Annexe : Acte final [1].

Le 14 juin 1906, une nouvelle circulaire du Conseil fédéral suisse faisait connaître aux Gouvernements consultés le résultats des négociations.

La proposition de transformer les « Bases » en Conventions était accueillie favorablement sans aucune réserve par les États suivants : Allemagne, Autriche, Hongrie, Belgique, Danemark, France, Italie, Luxembourg, Pays-Bas, Suisse. Le Portugal et la Suède se déclarèrent prêts à prendre part à la

---

1. Voir p. précédente, n. 1.

Conférence en ce qui concernait l'interdiction du travail de nuit des femmes ; la Norvège déclara que, malgré toute sa sympathie pour le but de la Conférence, elle ne croyait pas opportun d'y prendre part. La Grande-Bretagne donna son adhésion à une Convention pour la protection des femmes sous des conditions qu'on trouvera ci-dessous.

Quant à l'interdiction du phosphore blanc, le Gouvernement britannique déclarait ne pas encore être en mesure de se prononcer.

Invité, en vertu de la décision prise l'année précédente, le Gouvernement japonais n'avait pas jugé à propos de se faire représenter.

Tel est le sommaire de la circulaire de laquelle on va lire le texte :

TROISIÈME CIRCULAIRE DU CONSEIL FÉDÉRAL[1].

Berne, le 14 juin 1906.

Monsieur le Ministre,

Par note-circulaire du 26 juin 1905, nous avons transmis aux Gouvernements des Etats représentés à la Conférence pour la protection ouvrière, réunie à Berne en mai de la même année, les décisions de cette Conférence ; nous ajoutions qu'en vue de la transformation de ces décisions en Conventions une Conférence diplomatique nous paraissait indispensable ; nous demandions en conséquence aux

1. *Actes de la Conférence diplomatique p. la P. O.* Berne, 1906 Bibliogr., XVIII), pp. 24-33 (avec le proj. de Convention qui suit).

prédits Gouvernements de vouloir bien nous faire savoir s'ils étaient d'accord avec nous sur ce point et, dans l'affirmative, de nous communiquer leur manière de voir touchant le lieu et la date de la Conférence diplomatique.

Les réponses reçues peuvent se résumer comme suit :

1. L'*Allemagne*,

2. L'*Autriche*,

3. La *Hongrie*, sont d'accord.

4. La *Belgique* est également d'accord, dans la pensée toutefois que la future Conférence aurait à apporter certaines améliorations au texte des décisions de 1905 et à préciser différents points qui paraissent avoir été exposés trop sommairement.

5. Le *Danemark* est d'accord.

6. L'*Espagne* n'a pas encore donné de réponse définitive.

7. La *France* est d'accord.

8. La *Grande-Bretagne* est d'accord en ce qui touche une Convention portant restriction du travail de nuit des femmes dans l'industrie, sous les conditions suivantes :

a. Que tous les Etats dont la concurrence dans les industries touchées par les Conventions paraît sérieuse adhèrent auxdites Conventions et qu'on prenne en considération la faculté, pour les Etats non représentés à la Conférence et dont certaines industries viendraient à se développer, d'adhérer ultérieurement aux Conventions;

b. Que des garanties suffisantes soient données par les Etats signataires, en vue d'une application rigoureuse des restrictions statuées par les Conventions;

Et que l'on considère aussi les questions suivantes :

a. S'il n'y aurait pas lieu de fixer une limite à la durée des Conventions (le Gouvernement britannique se réserve de soulever cette question à la Conférence);

b. S'il ne conviendrait pas de constituer un tribunal ou une commission qui puisse être saisi des cas dans lesquels serait alléguée une non-observation, par tel Etat, des règles acceptées, ainsi que des cas dans lesquels une modification à ces règles serait proposée ensuite de nouvelles découvertes chimiques ou mécaniques.

Le Gouvernement britannique trouve, en outre, désirable que la Conférence examine les conditions de la réunion de Conférences ultérieures et de la conclusion de Conventions futures; il exprime l'avis qu'à l'avenir les enquêtes et les recherches précédant nécessairement la conclusion d'arrangements internationaux devraient être entreprises, non par une association privée, mais par les organes officiels des Gouvernements intéressés.

Quant à l'interdiction du phosphore blanc dans l'industrie des allumettes, le Gouvernement britannique n'est pas encore en mesure de répondre.

9. L'*Italie*,

10. Le *Luxembourg* sont d'accord.

11. La *Norvège* déclare que, tout en appréciant le but sympathique de la Conférence, elle ne croit pas opportun d'y prendre part, vu qu'elle ne pourrait pour le moment adhérer entièrement aux Conventions à conclure.

12. Les *Pays-Bas* sont d'accord.

13. Le *Portugal* est d'accord en ce qui touche l'interdiction du travail de nuit des femmes dans l'industrie; il n'a pas encore pris de résolution quant à l'interdiction du phosphore blanc.

14. La *Suède* est d'accord en ce qui touche l'interdiction du travail de nuit des femmes dans l'industrie; toutefois, vu les modifications que cette Convention imposerait à la législation suédoise actuelle, le délai prévu à l'article 5 des « Bases », pour le dépôt des ratifications (31 décembre 1907), serait trop bref pour la Suède.

Par contre, ajoute le Gouvernement suédois, l'expérience ayant démontré en Suède que les dangers résultant de l'emploi du phosphore blanc dans l'industrie des allumettes peuvent être efficacement combattus sans avoir recours à une interdiction d'emploi de cette matière, le Gouvernement ne croit pas devoir adhérer à une Convention y relative.

15. La *Suisse* est prête à participer à la conclusion de Conventions.

Nous avons donc :

a. Sur la question du travail de nuit :

13 acceptations,

1 refus,

1 Etat dont la décision n'est pas encore intervenue.

b. Sur la question du phosphore :

10 acceptations,

2 refus,

3 Etats dont la décision n'est pas encore intervenue.

Ce résultat est très encourageant, car il constitue de la part d'un nombre important d'Etats la marque d'une ferme volonté de régler par voie de Conventions internationales telles questions de protection ouvrière. Une fois posée la pierre angulaire, on pourra compter sur un développement heureux de la protection ouvrière internationale et, par conséquent aussi, nationale.

Rien ne s'opposant à la conclusion d'une Convention internationale touchant l'*interdiction du travail de nuit des femmes employées dans l'industrie*, nous avons cru devoir préparer le projet d'une Convention y relative. Votre Excellence trouvera ci-joint ce projet, à titre de simple programme pour les délibérations de la Conférence diplomatique. Il reproduit essentiellement le texte même des décisions de la Conférence de Berne de 1905, décisions auxquelles la Conférence diplomatique pourra naturellement apporter les modifications qui lui paraîtraient utiles. Nous avons ajouté certaines dispositions qui constituent la partie formelle de la Convention. Quant aux intéressantes propositions du Gouvernement britannique, il appartiendra également à la Conférence elle-même d'en décider. Ajoutons que le Gouvernement japonais réserve sa réponse, touchant une Convention sur l'interdiction du travail des femmes dans l'industrie, jusqu'à ce que des études de la question soient terminées.

Pour *l'interdiction de l'emploi du phosphore blanc dans l'industrie des allumettes*, les perspectives sont moins nettement favorables. D'après l'article 4 des « Bases », la mise en vigueur d'une Convention sur cet objet serait subordonnée à l'adhésion de tous les Etats représentés à la Conférence de 1905, ainsi que du Japon ; or, on a vu plus haut que certains de ces Etats ne signeraient pas la Convention, et *le Japon* se trouve dans le même cas. Le Gouvernement japonais déclare en effet que, tout en reconnaissant l'importance de la question au point de vue sanitaire, il regrette de ne pouvoir, pour le moment, prendre une décision définitive, ni par conséquent adhérer aux résolutions de la Conférence de 1905.

Dans cette situation, les Gouvernements des Etats intéressés auront à décider s'il convient de poursuivre entre un nombre restreint d'Etats la conclusion d'une Convention sur la question du phosphore, ou s'il est préférable d'y renoncer. Nous ne nous croyons pas en droit de retrancher du programme de la Conférence diplomatique cette question du phosphore, dont le sort résultera des instructions apportées à la Conférence par les représentants des Etats ; la préparation d'un projet de Convention sur la matière ne nous a point paru opportune.

Touchant le lieu et la date de la Conférence, certains Etats ont renoncé à toute proposition, tandis que d'autres s'en remettaient à notre choix ou proposaient la ville de Berne comme lieu de réunion. Nous nous permettons donc de fixer *au lundi 17 septembre 1906*, à 3 heures du soir, à Berne (salle du Conseil des Etats), au Palais fédéral, l'ouverture de la Conférence internationale diplomatique pour la protection ouvrière.

Pour les délibérations de la Conférence, nous proposons les objets suivants :

1. Ouverture par M. le conseiller fédéral Deucher, chef du Département fédéral du Commerce, de l'Industrie et de l'Agriculture.

2. Appel des Représentants et communication des pouvoirs.

3. Fixation du Règlement de la Conférence.

4. Élection du Bureau.

5. Établissement d'une Convention internationale sur l'interdiction du travail de nuit des femmes employées dans l'industrie.

6. Éventuellement, établissement d'une Convention internationale sur l'interdiction de l'emploi du phosphore blanc (jaune) dans l'industrie des allumettes.

7. Signature des textes adoptés et, s'il y a lieu, des protocoles de clôture.

Nous avons l'honneur de prier Votre Excellence de vouloir bien nous faire connaître, pour la fin de juillet prochain, les noms des plénipotentiaires que votre Gouvernement aura délégués pour le représenter à la Conférence de Berne de septembre 1906.

La présente note-circulaire est adressée aux Gouvernements des États suivants : Allemagne, Autriche, Hongrie, Belgique, Danemark, Espagne, France, Grande-Bretagne, Japon, Italie, Luxembourg, Pays-Bas, Portugal, Suède.

Veuillez agréer, monsieur le Ministre, l'assurance de notre haute considération.

Au nom du Conseil fédéral suisse :

Le Président de la Confédération,
L. FORRER.

Le Chancelier de la Confédération,
RINGIER.

En Annexe figure le Projet de Convention que voici :

PROJET DE CONVENTION INTERNATIONALE SUR L'INTERDICTION DU TRAVAIL DE NUIT DES FEMMES EMPLOYÉES DANS L'INDUSTRIE.

(Énumération des Parties contractantes.)

Désirant développer la protection ouvrière, par l'adoption

de certaines dispositions communément applicables à divers États,

Ont résolu de conclure une Convention à cet effet et ont nommé pour leurs Plénipotentiaires, savoir :

(Noms des Plénipotentiaires.)

Lesquels, après s'être communiqué leurs pleins pouvoirs, trouvés en bonne et due forme, sont convenus des dispositions suivantes :

ARTICLE PREMIER. — Le travail industriel de nuit sera interdit à toutes les femmes, sans distinction d'âge, sous réserve des exceptions ci-après :

La présente Convention s'applique à toutes les entreprises industrielles où sont employés plus de dix ouvriers et ouvrières; elle ne s'applique en aucun cas aux entreprises où ne sont employés que les membres de la famille.

A chacun des États contractants incombe le soin de définir ce qu'il faut entendre par entreprises industrielles. Parmi celles-ci seront en tout cas comprises les mines et carrières, ainsi que les industries de fabrication et de transformation des matières; la législation nationale précisera sur ce dernier point la limite entre l'industrie, d'une part, l'agriculture et le commerce, de l'autre.

ART. 2. — Le repos de nuit visé à l'article précédent aura une durée minimum de onze heures consécutives; dans ces onze heures, quelle que soit la législation de chaque État, devra être compris l'intervalle de dix heures du soir à cinq heures du matin.

Toutefois, dans les États où le travail de nuit des femmes adultes employées dans l'industrie n'est pas actuellement réglementé, la durée du repos ininterrompu pourra, à titre transitoire et pour une période de trois ans au plus, être limitée à dix heures.

ART. 3. — L'interdiction du travail de nuit pourra être levée :

1. En cas de force majeure, lorsque dans une entreprise

se produit une interruption d'exploitation impossible à prévoir et n'ayant pas un caractère périodique;

2. Dans le cas où le travail s'applique à des matières premières susceptibles d'altération très rapide, chaque fois que cela sera nécessaire pour sauver ces matières d'une perte inévitable.

Art. 4. — Dans les industries soumises à l'influence des saisons et en cas de circonstances exceptionnelles pour toute entreprise, la durée du repos ininterrompu de nuit pourra être réduite à dix heures, soixante jours par an.

Art. 5. — (Applicabilité de la Convention aux provinces, colonies ou possessions d'outre-mer.)

Art. 6. — La présente Convention sera ratifiée et les ratifications en seront déposés le   , au plus tard, auprès du Conseil fédéral suisse.

Il sera dressé de ce dépôt un procès-verbal, dont une copie, certifiée conforme, sera remise par la voie diplomatique à chacun des États contractants.

La présente Convention entrera en vigueur trois ans après la clôture du procès-verbal de dépôt.

Ce délai est fixé à dix ans

1. Pour les fabriques de sucre brut de betterave;

2. Pour le peignage et la filature de la laine;

3. Pour les travaux au jour des exploitations minières, lorsque ces travaux sont arrêtés annuellement, quatre mois au moins, par des influences climatériques.

Art. 7. — Les États non signataires de la présente Convention sont admis à déclarer leur adhésion, en indiquant la date de sa prise d'effet, par un acte adressé au Conseil fédéral suisse, qui le fera connaître à chacun des autres États contractants.

Art. 8. — La présente Convention peut être dénoncée en tout temps. Toute dénonciation produira effet un an après qu'elle aura été adressée par écrit au Conseil fédéral suisse qui la communiquera immédiatement à chacun des autres États contractants.

La dénonciation n'aura d'effet qu'à l'égard de l'État de qui elle sera émanée.

En foi de quoi, les Plénipotentiaires ont signé la présente Convention.

Fait à Berne, le   , en un seul exemplaire, qui demeurera déposé aux archives de la Confédération suisse et dont une copie certifiée conforme sera remise, par la voie diplomatique, à chacun des États contractants.

(*Signatures des Plénipotentiaires.*)

Après avoir reçu les adhésions, le Conseil fédéral envoie aux puissances adhérentes, pour convoquer leurs représentants à Berne, une dernière note dont voici le texte :

QUATRIÈME CIRCULAIRE DU CONSEIL FÉDÉRAL[1]

Berne, le 4 septembre 1906.

Monsieur le Ministre,

Faisant suite à notre circulaire le 14 juin 1906, nous avons l'honneur d'adresser à Votre Excellence les communications ci-après relatives à la Conférence diplomatique internationale pour la protection ouvrière, qui s'ouvrira à Berne le 17 de ce mois.

1. Un État a exprimé le désir qu'un Projet de *Règlement* fût porté à la connaissance de la Conférence avant sa réunion. Nous déférons volontiers à ce désir et joignons ledit Projet à la présente. Nous ferons remarquer seulement que l'article 7 (question de la langue à employer) répond textuellement à la disposition adoptée pour la Conférence de revision de la Convention de Genève, qui a

---

1. *Actes de la Conf. dipl. pour la P. O.* Berne, 1906 (Bibliogr., XVIII), pp. 33-36 (avec le proj. de règlement qui suit).

eu lieu cette année. C'est à la Conférence d'arrêter le Règlement et, éventuellement, en ce qui concerne les délibérations orales, d'interpréter l'article en question comme l'a
fait la Conférence de Genève.

2. Le Ministère *danois* des Affaires étrangères nous communique par note du 20 août ce qui suit : « Avant la réunion
de cette Conférence, je crois pourtant devoir vous avertir,
Messieurs, que, pour ce qui concerne l'interdiction du travail de nuit des femmes dans l'industrie, le Danemark
sera obligé de faire certaines restrictions. Ainsi, ce pays
doit se réserver le droit d'établir des dispositions transi-
toires, et le délai nécessaire pour consacrer, par voie
législative, les interdictions en question. Les démarches à
ce dernier effet ne pourront guère être faites avant la
revision de la loi actuelle sur le travail dans les manufactures, revision qui, d'après la loi, doit avoir lieu au plus
tard en 1910. En outre, le Danemark attache de l'importance à ce que la définition détaillée des professions
industrielles comprises dans la Convention éventuelle soit
faite par chaque État lui-même, ainsi qu'il fut décidé à la
Conférence de Berne en mai 1905.

Dans ce sens porteront les instructions du Délégué
danois à la prochaine Conférence.

3. Le Gouvernement *japonais* exprime ses regrets de ne
pouvoir donner suite à l'invitation qui lui a été adressée
de prendre part à la Conférence.

4. A notre demande, le Ministère *britannique* des Affaires
étrangères a précisé ses propositions (voir notre note du
14 juin 1906). Nous sommes autorisés à vous donner *à titre
strictement confidentiel* connaissance de la rédaction actuelle
de ces propositions. Elles sont ainsi conçues :

« A. — A chacun des États contractants incombe le soin
de prendre les mesures administratives qui seraient nécessaires pour assurer sur son territoire l'exécution précise
des dispositions de la présente Convention.

B. — Les Hautes Parties contractantes conviennent de

créer une Commission permanente, chargée de surveiller l'exécution des dispositions de la présente Convention.

Cette Commission sera composée de Délégués des divers États contractants. Sa première réunion aura lieu à   ; la Commission choisit son Président et le lieu de sa prochaine réunion.

Chacune des Hautes Parties contractantes pourra être représentée à la Commission par un Délégué ou par un Délégué et des Délégués-adjoints.

L'Autriche et la Hongrie seront considérées séparément comme Parties contractantes.

La Commission aura pour mission d'émettre un avis sur les questions litigieuses et les plaintes qui lui seront soumises.

Elle n'aura qu'une mission de constatation et d'examen. Elle fera, sur toutes les questions et plaintes qui lui seront soumises, un rapport qui sera communiqué aux États intéressés.

En dernier ressort, une question en litige sera, sur la demande d'une des Hautes Parties contractantes, soumise à l'arbitrage.

Pour assurer l'exécution des dispositions qui précèdent, les Hautes Parties contractantes se communiqueront par la voie diplomatique les lois, arrêtés et règlements dans l'espèce qui sont ou seront en vigueur dans le pays, ainsi que les pièces justificatives.

Dans le cas où les Hautes Parties contractantes seraient disposées à réunir des conférences au sujet de questions industrielles, la commission se chargera d'en discuter le programme et servira de moyen pour les échanges de vues préliminaires.

C. — Article IV.

Dans les industries soumises à l'influence des saisons ou à des demandes de production inattendues et provisoires et en cas de circonstances exceptionnelles pour toute entreprise, la durée du repos ininterrompu de nuit pourra être réduite à dix heures, soixante jours par an.

D. — La présente Convention aura une durée de cinq ans, à compter de l'échange des ratifications. Elle sera renouvelée de cinq en cinq années par tacite reconduction, à moins que l'une des Hautes Parties contractantes n'ait notifié, une année avant l'expiration de ladite période de cinq années, son intention d'en faire cesser les effets.

Dans le cas où l'une des Hautes Parties contractantes dénoncerait la Convention, cette dénonciation n'aurait d'effet qu'à son égard.

Le Gouvernement britannique propose en outre d'insérer à l'article 6, 1er alinéa, du Projet de Convention internationale (voir l'annexe à notre note du 14 juin 1906) la date du 1er janvier 1908.

5. Pour éviter tout malentendu, nous ajoutons que, selon nous, les représentants des États doivent avoir plein pouvoir de conclure et de signer la ou les Conventions intervenues (voir article 11 du Projet de Règlement).

Veuillez agréer, Monsieur le Ministre, l'assurance de notre haute considération.

Au nom du Conseil fédéral suisse ;

Pour le Président de la Confédération,

BRENNER.

Le IId Vice-Chancelier,

GIGANDET.

En Annexe est publié le Projet de Règlement suivant :

RÈGLEMENT

ARTICLE PREMIER. — La Conférence est formée de tous les fondés de pouvoirs des États participants.

Elle se constitue par l'élection d'un Président et de deux à trois Vice-Présidents et désigne son Secrétariat.

ART. 2. — Les délibérations ont lieu sur la base de la

note adressée le 14 juin 1906 par le Conseil fédéral suisse aux États participants à la Conférence.

ART. 3. — La Conférence décide s'il y a lieu d'élire des Commissions pour préparer les diverses questions formulées dans le programme ou pour rédiger des textes et, dans l'affirmative, elle procède à l'élection de ces Commissions. La Délégation de chaque État désigne un ou plusieurs membres pour chacune de ces Commissions, mais il n'y aura qu'une voix.

ART. 4. — Chaque Commission désigne son Président et son Rapporteur. Le rapport écrit tient lieu de procès-verbal. Chaque membre de la Conférence peut assister aux discussions des Commissions.

ART. 5. — Les propositions des Commissions doivent être imprimées et remises aux membres de la Conférence avant l'ouverture des débats.

Il en sera de même, en règle générale, de toute proposition individuelle, si elle a été prise en considération par la Conférence.

ART. 6. — En règle générale, toute proposition présentée à la Conférence ou aux Commissions doit être remise par écrit au Président.

ART. 7. — La langue française est employée comme langue officielle pour les Actes de la Conférence, pour les procès-verbaux et pour la rédaction des proposions soumises à l'examen des Délégués.

ART. 8. — Le vote a lieu par appel nominal des États, dans l'ordre alphabétique français.

Chaque État a une voix. En cas d'égalité de suffrages, c'est la voix de l'État auquel appartient le Président de la Conférence, qui décide.

ART. 9. — Le procès-verbal de la Conférence contient un résumé des discours, les rapports des Commissions et le texte des propositions et des résolutions.

Tout membre de la Conférence a le droit de demander la reproduction intégrale de son discours dans le procès-verbal, mais, dans ce cas, il est tenu d'en remettre le texte par écrit au Secrétariat dans la soirée qui suit la séance.

Le procès-verbal de chaque séance est soumis en épreuves aux membres de la Conférence; les épreuves corrigées doivent être retournées au Secrétariat dans les vingt-quatre heures. Il n'est pas donné lecture du procès-verbal.

Le procès-verbal de la Conférence, une fois terminé, doit être revêtu des signatures du Président et du Secrétariat.

Art. 10. — Les séances de la Conférence et des Commissions ne sont pas publiques.

Art. 11. — La ou les Conventions intervenues seront signées, comme résultat des travaux de la Conférence, par les fondés de pouvoir de tous les États qui y adhéreront; la ratification de ces États demeure réservée.

Dans l'intervalle entre les deux Conférences, les élections générales britanniques de 1906 donnèrent la majorité aux libéraux, écartés du pouvoir depuis près de dix ans; à leur gauche un groupe ouvrier (*Labour Party*) se constitua au Parlement de Westminster. Ce changement politique eut une conséquence heureuse pour les négociations engagées. On a vu qu'à la Conférence de 1905, les délégués du Royaume-Uni s'étaient abstenus dans le vote sur les deux « Bases » en donnant comme raison que la loi de leur pays sur la réglementation du phosphore suffisait et que celle qui limitait le travail nocturne des ouvrières leur assurait un temps de repos supérieur au nombre d'heures proposé par la Conférence (pp. 147 et 156).

A la nouvelle Chambre des Communes, le 5 mars 1906, sir Charles Dilke, qui s'occupe activement de législation ouvrière internationale et qui paraît jouer un rôle dans la préparation du traité franco-anglais sur l'indemnité pour les victimes du travail [1], critiqua l'attitude de l'ancien cabinet conservateur à l'égard de la Conférence de Berne. Le secrétaire d'Etat à l'Intérieur du ministère libéral, M. Gladstone, fit la réponse suivante [2].

Je reconnais très volontiers, avec mon très honorable ami sir Charles Dilke, qu'en ce qui concerne les conférences internationales, les autres pays nous ont de beaucoup distancés. Quand je suis arrivé au pouvoir, mon honorable prédécesseur allait faire certaines propositions que sa chute l'a empêché de mener à bien.

Nous avons répondu au Gouvernement suisse que le Gouvernement de Sa Majesté acceptait en principe de se faire représenter à la Conférence internationale [3] et qu'il était prêt, sous certaines conditions, à prendre part à la discussion des questions ouvrières et industrielles (*Applaudissements*). Ces conférences ne peuvent avoir que de bons résultats, et l'on ne peut guère comprendre pourquoi nous avons attendu si longtemps avant d'admettre le principe de notre participation. (*Applaudissements.*)

En effet, le Gouvernement libéral du Royaume-Uni se fit représenter, à la deuxième Conférence de Berne, par des partisans de la législation inter-

---

1. P. 126 du présent ouvrage.
2. *Times*, 6 mars 1906, p. 6.
3. La Conférence diplomatique (2ᵉ conférence de Berne), 1906.

nationale et leur donna des instructions telles qu'ils se montrèrent avec les Allemands, les Français et les Suisses, les plus disposés à établir un régime international de protection efficace[1]. L'exemple de l'Angleterre entraîna l'Italie, celui de l'Allemagne, l'Autriche et la Hongrie, ainsi que la Belgique.

La Conférence diplomatique siégea à Berne du 17 au 21 septembre 1906. Tous les États ayant un agent diplomatique à Berne étaient représentés par lui; en outre, l'Allemagne, l'Autriche, la Hongrie, la Belgique, la France, la Grande-Bretagne, l'Italie, la Suisse, lui avaient adjoint les chefs de service compétents; trois États, le Danemark, le Luxembourg et la Suède n'avaient envoyé que des personnes appartenant à cette dernière catégorie.

La Conférence désigna, comme Président, un délégué suisse, M. Emile Frey, ancien conseiller fédéral, et comme Vice-Président un autre délégué suisse, M. Adrien Lachenal, ancien conseiller fédéral, député au Conseil des États.

Dans les débats sur les deux objets précis de la Conférence, le rôle important est joué par le directeur du Travail de France, M. Arthur Fon-

---

1. Voir pp. 192-8 du présent ouvrage.

taine et par le chef du service correspondant en Allemagne, M. Caspar, qui s'accordèrent généralement si l'on excepte un différend sur la création d'un organe central de renseignements et peut-être de contrôle (pages 192-195).

INTERDICTION DU PHOSPHORE BLANC
(JAUNE)

La Conférence discuta d'abord l'interdiction du phosphore blanc. L'opinion de la majorité des délégués fut qu'il était impossible de signer une convention universelle conforme aux bases posées en 1905, attendu que plusieurs pays producteurs d'allumettes, comme le Japon et la Norvège, ne voulaient point s'associer à la prohibition. Alors se posa la question de savoir si l'on devait renoncer à toute mesure, ou conclure un arrangement entre États prêts à interdire le phosphore blanc.

On mit aux voix d'abord les deux premiers articles de 1905, c'est-à-dire le principe de l'interdiction.

ARTICLE 1er. — A partir du 1er janvier 1911, il sera interdit de fabriquer, d'introduire ou de mettre en vente des allumettes contenant du phosphore blanc (jaune).

ART. 2. — Les actes de ratification devront être déposés au plus tard le 31 décembre 1907.

Six délégations votèrent pour, savoir : l'Allemagne, la France, l'Italie, le Luxembourg, les Pays-Bas et la Suisse, partisans d'une entente restreinte, à défaut d'un accord international.

Répondirent négativement six délégations : l'Autriche, la Hongrie, la Belgique, la Grande-Bretagne, le Portugal, la Suède, partisans du tout ou rien.

S'abstinrent deux délégations : le Danemark et l'Espagne.

On vota ensuite sur l'ensemble. Le délégué anglais déclara que la Constitution britannique ne lui permettait pas de prendre un engagement, avant que le Parlement eut été consulté, pour une mesure qui exigeait forcément une loi, et il laissa paraître que tout arrangement lui paraissait inutile, avant que le Japon, la Suède, la Norvège, et tous autres Gouvernements hésitants, eussent promis leur adhésion.

Dans le vote sur l'ensemble des quatre articles de 1905, seules deux délégations votèrent « oui », et encore avec des réserves; c'est l'Autriche et la Hongrie qui déclarèrent ne vouloir adhérer que si le Japon suivait l'exemple des Gouvernements contractants, comme on l'avait demandé en 1905.

Sept délégations s'abstinrent : la Belgique, le

Danemark, l'Espagne, la France, la Grande-Bretagne, l'Italie, et la Suède, pour les mêmes raisons qu'avait exposées le délégué anglais.

Cinq délégations votèrent non : l'Allemagne, le Luxembourg, les Pays-Bas, le Portugal et la Suisse.

On chercha alors le moyen de faire un accord restreint entre les puissances qui avaient voté l'acceptation des deux premiers articles; dès le vote sur l'article 1er, M. de Bülow, premier délégué de l'Allemagne, avait proposé de constituer leurs représentants en Commission spéciale; cette proposition avait été ajournée jusqu'au vote définitif sur la demande de M. Revoil, ministre plénipotentiaire de France. Après ce vote, M. Revoil demanda la constitution de la Commission, ce qui fut fait.

La délégation anglaise, appuyée par la délégation française, avait invité les autres États représentés à signer une déclaration additionnelle indiquant qu'ils seraient disposés à adhérer dans le cas où le Japon et tous les pays fabricants d'allumettes représentés à la Conférence donneraient leur adhésion, ce qui était, en somme, reprendre la solution de 1905.

Après une longue discussion, les délégations intéressées acceptent de se réunir officieusement

pour examiner le projet de déclaration préparé par
la délégation britannique [1].

Le délégué suédois refuse son adhésion, parce
que la durée obligatoire de la Convention est trop
brève, et parce qu'elle n'est pas immédiatement
applicable aux colonies, possessions et protectorats
des États signataires ; il laisse entrevoir que, dans
le cas où ces deux obstacles disparaîtraient, l'adhésion de son gouvernement serait possible.

On confirme, d'autre part, que l'Espagne et que
le Portugal, engagés par des traités avec des Compagnies fabricantes d'allumettes, ne peuvent donner
leur adhésion.

Pour ces raisons, la délégation britannique retire
sa proposition.

Enfin les six délégations qui avaient voté le
principe et la délégation du Danemark, pays qui a
supprimé la fabrication des allumettes phosphorées,
s'entendent sur le projet de Convention que voici :

1. *Actes de la Conf. diplom. p. la P. O.*, Berne, 1906 (Bibliogr.,
XVIII), pp. 137-139.

CONVENTION INTERNATIONALE SUR L'INTERDIC-
TION DE L'EMPLOI DU PHOSPHORE BLANC (JAUNE),
DANS L'INDUSTRIE DES ALLUMETTES [1].

Sa Majesté l'Empereur d'Allemagne, Roi de Prusse; Sa Majesté le Roi de Danemark; le Président de la République Française; Sa Majesté le Roi d'Italie; Son Altesse Royale le Grand-Duc de Luxembourg, duc de Nassau; Sa Majesté la Reine des Pays-Bas; le Conseil Fédéral Suisse,

Désirant faciliter le développement de la protection ouvrière par l'adoption de dispositions communes,

Ont résolu de conclure à cet effet une Convention concernant l'emploi du phosphore blanc (jaune) dans l'industrie des allumettes, et ont nommé pour leurs plénipotentiaires, savoir :

(*Liste des plénipotentiaires* [2].)

Lesquels, après s'être communiqué leurs pleins pouvoirs, trouvés en bonne et due forme, sont convenus des dispositions suivantes :

ARTICLE PREMIER. — Les Hautes Parties contractantes s'engagent à interdire sur leur territoire la fabrication, l'introduction et la mise en vente des allumettes contenant du phosphore blanc (jaune).

ART. 2. — A chacun des États contractants incombe le soin de prendre les mesures administratives qui seraient nécessaires pour assurer sur son territoire la stricte exécution des dispositions de la présente Convention.

Les Gouvernements se communiqueront par la voie diplomatique les lois et règlements sur la matière de la présente Convention qui sont ou seront en vigueur dans

---

1. *Actes de la Conf. diplom. p. la P. O.*, Berne, 1906 (Bibliogr., XVIII), pp. 169-175.

2. Voir pour les noms la Convention suivante où figurent les plénipotentiaires de tous les États, pp. 201-3 du présent ouvrage.

leurs pays, ainsi que les rapports concernant l'application
de ces lois et règlements.

Art. 3. — Les dispositions de la présente Convention ne
seront applicables à une colonie, possession ou protectorat que dans le cas où une notification à cet effet serait
donnée en son nom au Conseil fédéral suisse par le Gouvernement métropolitain.

Art. 4. — La présente Convention sera ratifiée, et les
ratifications en seront déposées le 31 décembre 1908 au
plus tard auprès du Conseil fédéral suisse.

Il sera dressé de ce dépôt un procès-verbal, dont une
copie, certifiée conforme, sera soumise par la voie diplomatique à chacun des États contractants.

La présente Convention entrera en vigueur trois ans
après la clôture du procès-verbal de dépôt [1].

Art. 5. — Les États non signataires de la présente Convention sont admis à déclarer leur adhésion par un acte
adressé au Conseil fédéral suisse, qui le fera connaître à
chacun des autres États contractants.

Le délai prévu par l'article 4 pour la mise en vigueur de
la présente Convention est porté à cinq ans pour les États
non signataires, ainsi que pour les colonies, possessions
ou protectorats, à compter de la notification de leur
adhésion [2].

---

1. Dans les articles 2, 3 et 4, les adhésions, l'extension aux colonies, possessions et protectorats, la communication entre gouvernements des pièces relatives aux engagements pris, sont stipulées
exactement comme pour l'interdiction du travail de nuit des
femmes (Voir p. 197 du présent ouvrage).

2. L'art. 5 étend à 5 ans, au lieu de 2, le délai de mise en
vigueur pour les États qui adhéreront, ainsi que pour les possessions et colonies.

En conséquence, le délai de dénonciation sera d'abord de
cinq ans au moins, la dénonciation pouvant, ensuite, être faite
d'année en année. Comparer les délais de dénonciation de l'interdiction du travail nocturne des ouvrières, calculés de manière à
dépasser de deux ans la durée de la période transitoire la plus
longue (art. 8 et 11 de la 2ᵉ Convention, p. 199 du présent ouvrage).

Art. 6. — La présente Convention ne pourra pas être dénoncée soit par les États signataires, soit par les États, colonies, possessions ou protectorats qui adhéreraient ultérieurement, avant l'expiration d'un délai de cinq ans à partir de la clôture du procès-verbal de dépôt des ratifications.

Elle pourra ensuite être dénoncée d'année en année.

La dénonciation n'aura d'effet qu'un an après qu'elle aura été adressée par écrit au Conseil fédéral suisse par le Gouvernement intéressé, ou, s'il s'agit d'une colonie, possession ou protectorat, par le Gouvernement métropolitain ; le Conseil fédéral la communiquera immédiatement au Gouvernement de chacun des autres États contractants.

La dénonciation n'aura d'effet qu'à l'égard de l'État, colonie, possession ou protectorat au nom de qui elle aura été adressée.

En foi de quoi, les plénipotentiaires ont signé la présente Convention.

Fait à Berne, le vingt-six septembre mil neuf cent six, en un seul exemplaire, qui demeurera déposé aux archives de la Confédération suisse et dont une copie, certifiée conforme, sera remise par la voie diplomatique à chacun des États contractants.

(Suivent les signatures.)

Les sept signataires sont ceux de la Convention de 1905, plus les Pays-Bas, moins l'Autriche, la Hongrie, représentées par le même diplomate, l'Espagne et le Portugal, dont on se rappelle les réserves l'année précédente.

SUPPRESSION DU TRAVAIL DE NUIT DES FEMMES

Pour l'interdiction du travail de nuit des femmes, la Conférence de 1906 prit, comme base, le texte établi en 1905.

En séance plénière, après quelques débats sur l'interprétation et la traduction, dans les différentes langues, des termes employés, une discussion s'éleva relativement au délai dans lequel se ferait la mise en vigueur de la Convention, et à la durée pour laquelle on devait la conclure.

La majorité des délégués parut favorable à un délai long de douze à quinze ans, par la raison que le dernier article accordait un délai de dix ans à certaines industries. L'Angleterre demanda, au contraire, un délai bref, d'environ cinq ans.

Le vote se fit sur la question suivante :

Le délai dans lequel la Convention pourra être dénoncée sera-t-il cinq ans (proposition anglaise), ou douze ans (proposition allemande)?

Votent pour douze ans, avec l'Allemagne : l'Autriche, la Hongrie, la Belgique, la France, l'Italie, le Luxembourg, les Pays-Bas, la Suède, la Suisse.

Pour cinq ans : le Danemark, l'Espagne, le Portugal.

La Grande-Bretagne, qui proposait ce dernier délai, s'abstient, en déclarant qu'elle se résigne au délai de douze ans, mais qu'elle ne peut voter pour, ayant entraîné d'autres nations à voter le délai de cinq ans.

Enfin, sur la proposition de M. Arthur Fontaine, de la délégation française, on décide que la Convention, après l'expiration du délai de douze ans, pourra être dénoncée d'année en année.

Une Commission spécialement élue reprend le projet d'interdiction du travail de nuit des femmes, présenté par le Conseil fédéral, et en modifie la rédaction, suivant les indications données par les débats.

L'article 1 reste tel que dans les *Bases*. D'après ce texte, nulle « distinction d'âge » ne saurait être faite, disposition qui va, dans les délais fixés, obliger 7 signataires, Belgique, Danemark, Espagne, Hongrie, Luxembourg, Portugal et Suède, d'étendre à toutes les ouvrières sans exception une protection que les lois en vigueur chez eux assuraient seulement aux mineurs.

En réponse à une question du délégué portugais, il demeure entendu que la distinction entre les jeunes ouvrières et les ouvrières adultes sera faite d'après le criterium en usage dans chaque pays, c'est-à-dire tantôt seize ans, tantôt dix-huit ans, tantôt, comme c'est le cas du Portugal, vingt et un ans.

De même, si une obligation générale soumet à la loi les établissements industriels occupant plus de dix personnes, et dans lesquels ne travaillent pas exclusivement les membres de la famille patronale, la définition des mots « entreprise industrielle » reste l'affaire de chaque État.

Toutefois, « entreprise industrielle » comprendra nécessairement les mines et carrières ainsi que les industries de fabrication et de transformation des matières[1].

A l'égard des entreprises de manutention un doute subsiste. Pour tout le reste, latitude est donnée à chaque État de restreindre ou d'étendre le sens d' « entreprise industrielle ». En tous cas, l'agriculture et le commerce restent en dehors, la

1. *Actes de la Conférence diplomatique de p. la P. O.*, Berne, 1906 (Bibliogr., XVIII), pp. 71-72, 128-129,141-142.

limite à tracer demeurant à la volonté de chaque État contractant[1].

A l'article 2, la Commission, puis, sur son avis, la Conférence, laissent la disposition qui fixe un minimum de repos nocturne — onze heures — et le placent entre deux limites arrêtées — dix heures du soir et cinq heures du matin[2].

Par une concession faite à la Belgique et aux six autres signataires énumérés page 189, les adhérents auront, entre la mise en vigueur après ratification et l'application exacte, une période transitoire de trois ans au plus pendant laquelle le repos nocturne des ouvrières pourra rester limité à dix heures. Sont considérés comme États ayant droit à la période transitoire, ceux qui auraient interdit le travail de nuit dans telle ou telle industrie dangereuse, sans l'avoir complètement supprimé[3].

On verra plus loin, à propos des ratifications (p. 199), quelle est, en fait, la durée des délais accordés.

---

1. « Commerce » doit s'interpréter très largement, car il semble résulter de la discussion que les blanchisseries sont exceptées (p. 72); il est vrai que ces établissements rentrent souvent aussi dans la catégorie « petite industrie au-dessous de 10 personnes », ou industrie familiale.

2. *Actes de la Conf.*, pp. 71, 72, 129-130, 142.

3. *Ibid.*, p. 130.

Sur l'article 3, il est entendu, à la demande de la délégation néerlandaise, que les cas où l'interdiction peut être levée seront fixés par la législation nationale, chaque État restant maître de donner des dérogations générales.

Sur l'article 4, il est entendu que les dérogations ne sont accordées sans condition qu'aux industries saisonnières, les autres n'en jouissant qu'en cas de circonstances exceptionnelles, ce qui veut dire « notamment les demandes de production inattendues et temporaires, et, d'une façon générale, les surcroîts extraordinaires de travail ».

Cette interprétation résulte des déclarations faites par les délégations allemande, britannique, française et suisse.

Viennent ensuite de nouveaux articles intercalés avant le cinquième et dernier de 1905 qui traitait des ratifications.

L'article 5 de 1906 laisse chacun des États maître des mesures destinées à assurer la stricte exécution de la Convention; mais il prévoit que les Gouvernements se communiqueront, par la voie diplomatique, les lois, règlements et rapports périodiques concernant l'application des mesures prises en exécution de l'arrangement de Berne. Cet article, qui n'existait pas dans le projet envoyé

par le Conseil fédéral, a été introduit à la suite
d'un amendement apporté par la délégation britannique, laquelle avait, au début, été beaucoup
plus loin en appuyant une demande présentée lors
de la seconde séance. A ce moment, en effet, les
délégations française et suisse proposèrent, par
l'organe de M. Revoil, ministre plénipotentiaire et
premier délégué de France, de nommer une Commission internationale, où tous les États signataires seraient représentés. Faite sur le modèle de
celle qui a été instituée après la Convention des
sucres, cette commission devait suivre exactement
la même procédure, c'est-à-dire qu'elle aurait servi,
suivant l'expression du délégué anglais, « à la suppression de la concurrence illicite », en demandant
des renseignements aux Gouvernements « dont la
décision serait contestée », en soumettant aux Gouvernements les modifications désirées, enfin, en
préparant les congrès de l'avenir.

La proposition franco-suisse fut combattue à
fond par M. de Bülow, représentant de l'Allemagne,
au nom de son Gouvernement, « comme inaccep-
table, car elle risquerait de contrecarrer les décisions législatives et les mesures administratives
des différents États, et de faire du tort ou de porter
préjudice à leur souveraineté ».

La délégation britannique, au contraire, se rallia la première à cette proposition, qui réunit également l'adhésion de la Belgique, du Danemark, de l'Espagne, du Portugal, de la Suède, de l'Italie, des Pays-Bas; seul, le diplomate représentant à la fois l'Autriche et la Hongrie s'associa aux objections de l'Allemagne.

Quant au délégué du Luxembourg, il dit, d'après le procès-verbal, « que le Gouvernement luxembourgeois serait d'accord avec le principe de la Commission internationale, mais qu'en présence des déclarations de l'Allemagne notamment, l'adhésion du Grand-Duché va devenir difficile à cause de l'union douanière allemande, dont le Grand-Duché fait partie : les industriels luxembourgeois seraient traités autrement que leurs collègues allemands. ».

Dans la proposition suisse et française, appuyée par la Grande-Bretagne, survivait l'esprit de la Conférence de 1905 qui s'était unanimement prononcée en faveur du vœu tendant à établir une inspection efficace du travail dans chacun des pays signataires. Réaliser ce désir, c'eût été pousser les États les moins avancés dans le sens où l'Italie s'est orientée lors de la conclusion de l'accord de 1904 avec la France (p. 76). Mais, après la tentative indiquée, la Conférence de 1906 n'a pas cru pouvoir imposer même l'apparence d'un contrôle aux puissances signataires, sans avoir recueilli une adhésion unanime [1].

La proposition fut donc abandonnée; mais, à la dernière séance, on en reprit l'idée sous forme d'un vœu proposé par M. Revoil au nom de dix des pays représentés. Ce vœu obtint l'insertion au procès-verbal; voici quelle en est la teneur [2] :

VŒU

Au moment de procéder à la signature de la Convention sur le travail de nuit des femmes, les délégués du Danemark, de l'Espagne, de la France, de la Grande-Bretagne, de l'Italie, du Luxembourg, des Pays-Bas, du Portugal, de la Suède et de la Suisse, convaincus de l'utilité d'assurer la plus grande unité possible à la réglementation qui sera édictée en conformité de la présente Convention,

Émettent le vœu que les diverses questions ayant trait à ladite Convention, que celle-ci aurait laissées dans le doute, puissent être, par une ou plusieurs des parties contractantes, soumises à l'appréciation d'une Commission où chaque État cosignataire serait représenté par un délégué ou par un délégué et des délégués-adjoints.

Cette Commission aurait une mission purement consultative. En aucun cas, elle ne pourrait se livrer à aucune enquête ni s'immiscer en quoi que ce soit dans les actes administratifs ou autres des États.

1. *Actes de la Conf.* (Bibliog., XVIII), pp. 75-76, 77, 80, 86, 143, 146-148.
2. *Actes de la Conf.*, p. 147.

Elle ferait sur les questions qui lui seraient soumises un rapport qui serait communiqué aux États contractants.

Cette Commission pourrait, en outre, être appelée :

1. — A donner son avis sur les conditions d'équivalence auxquelles peuvent être acceptées les adhésions des États hors d'Europe, ainsi que des possessions, colonies, protectorats, lorsque le climat ou la condition des indigènes exigeront des modifications de détail de la Convention.

2. — Sans préjudicier à l'initiative de chaque État contractant, à servir d'organe pour l'échange de vues préliminaires, au cas où les Hautes Parties contractantes seraient d'accord sur l'utilité qu'il y aurait à réunir de nouvelles conférences au sujet de la condition des travailleurs.

La Commission se réunirait sur la demande de l'un des États contractants, mais pas plus d'une fois par année, sauf entente entre les États contractants pour une réunion supplémentaire en raison de circonstances exceptionnelles. Elle s'assemblerait dans chacune des capitales des États contractants d'Europe successivement et dans l'ordre alphabétique.

Il serait entendu que les États contractants se réserveraient la faculté de soumettre à l'arbitrage, conformément à l'article 16 de la Convention de La Haye, les questions que soulèverait la Convention en date de ce jour, même si elles avaient été l'objet d'un avis de la Commission.

Les Délégués précités demandent au Gouvernement suisse, qui accepte, de vouloir bien, jusqu'à la clôture du procès-verbal de dépôt des ratifications de la Convention, continuer les pourparlers pour l'adhésion au présent vœu des États dont les Délégués ne l'auraient pas signé.

Ce vœu serait transformé en Convention par les États contractants, à la diligence du Gouvernement suisse, dès qu'il aurait reçu l'adhésion de tous les États signataires de la Convention.

L'article 6 de la Convention prévoit que les États pourront faire excepter, en tout ou en partie, le travail indigène dans certains de leurs colonies, possessions ou protectorats.

L'article 7 prévoit que, dans les mêmes pays, à cause des conditions de climat, on pourra remplacer le repos de nuit par un repos compensateur aux heures chaudes du jour.

Ces deux modifications, ajoutées au projet primitif, viennent des propositions britannique et française.

Les adhésions des colonies, possessions ou protectorats devront être notifiées par l'intermédiaire du gouvernement métropolitain.

Au sujet des articles 6 et 7, le délégué danois fit observer que l'Islande et les îles Feroë possèdent des législations autonomes. Sa remarque doit s'interpréter comme une restriction.

A la même occasion, le délégué anglais dit : « Je tiens à déclarer, au nom du Gouvernement de la Grande-Bretagne, que pour autant que les dispositions de la Convention concernent les colonies, possessions et protectorats britanniques, elles s'appliquent également à l'île de Chypre [1]. »

1. *Actes de la Conf.* (Bibliog., XVIII), pp. 76-77, 131.

Le délégué danois déclare le délai de deux ans trop court pour le Gouvernement danois, qu'une disposition antérieure empêche de voter la loi demandée avant l'automne 1910. Il signe avec cette réserve[1].

Le délai d'application avait été fixé à trois ans en 1905; on en déduit l'année sacrifiée pour la ratification.

Par suite, il est décidé que la Convention entrera en vigueur deux ans au plus tard après le procès-verbal qui constate le dépôt de la ratification, c'est-à-dire, pour les États les moins rapides, au plus tard le 1er janvier 1911.

Si l'on se rappelle que, par l'article 2 (p. 191), une période transitoire de trois ans a été accordée aux États qui n'ont pas encore interdit le travail nocturne des ouvrières *adultes*, on verra que, pour les sept signataires dans ce cas, dont le plus industriel est la Belgique, le repos de nuit pourra se limiter à neuf heures jusqu'au 1er janvier 1914 au plus tard.

Par l'article 8[2], le délai de mise en vigueur est porté de deux à dix ans au maximum, c'est-à-dire pourra tarder jusqu'au 1er janvier 1919 :

1° pour les fabriques de sucre brut de betterave;

---

1. *Actes de la Conf.*, p. 145.
2. *Ibid.*, p. 144.

2° pour le peignage et la filature de la laine;

3° pour les travaux au jour des exploitations minières, lorsque ces travaux sont arrêtés annuellement quatre mois au moins, par des influences climatériques.

Toutes ces dispositions concernent les principales industries employant des femmes dans les pays qui n'ont pas encore interdit le travail de nuit des ouvrières, surtout la Belgique, le Luxembourg, la Hongrie. C'est en prévision de ces délais que la délégation allemande a proposé et fait triompher la durée de douze années à compter du dernier procès-verbal de ratification, soit, au plus tard, du 31 décembre 1908, comme période pour laquelle la Convention est conclue (p. 189). Ainsi son existence se trouve assurée pour une période qui peut aller jusqu'au 1ᵉʳ janvier 1921. Supposons que la Belgique, ou tout autre État signataire dans le même cas, retarde à l'extrême limite, c'est-à-dire jusqu'au 1ᵉʳ janvier 1919, l'application exacte de la Convention, le travail nocturne des ouvrières n'en restera pas moins interdit durant deux années pleines avant qu'une dénonciation puisse se faire, et ce sera un essai suffisant pour qu'on ait quelque raison d'espérer l'interdiction définitive.

La Conférence exprime l'espoir que les États

intéressés ne laisseront pas écouler le délai maximum pour donner leur adhésion.

Les articles 9 à 11 sont relatifs à la ratification, à la mise en vigueur, aux adhésions futures.

Le délai prévu par les signataires de 1905 est allongé d'une année, c'est-à-dire prorogé jusqu'au 31 décembre 1908.

Les ratifications doivent être adressées au Conseil fédéral suisse par les États signataires. Le Conseil fédéral dressera procès-verbal du dépôt de chaque adhésion, et la fera connaître par voie diplomatique, à tous les co-signataires.

Le Conseil fédéral suisse recevra également les adhésions futures des États non contractants (art. 9).

CONVENTION INTERNATIONALE SUR L'INTERDICTION DU TRAVAIL DE NUIT DES FEMMES EMPLOYÉES DANS L'INDUSTRIE [1].

Sa Majesté l'Empereur d'Allemagne, Roi de Prusse ; Sa Majesté l'Empereur d'Autriche, Roi de Bohême, etc., et Roi apostolique de Hongrie ; Sa Majesté le Roi des Belges ; Sa Majesté le Roi de Danemark ; Sa Majesté le Roi d'Espagne ; le Président de la République Française ; Sa Majesté le Roi du Royaume-Uni de Grande-Bretagne et d'Irlande et des

---

1. *Actes de la Conf. diplom. p. la P. O.*, Berne, 1906 (Bibliog., XVIII), p. 157-168.

Possessions britanniques au delà des mers, Empereur des Indes ; Sa Majesté le Roi d'Italie ; Son Altesse Royale le Grand-Duc de Luxembourg, Duc de Nassau ; Sa Majesté la Reine des Pays-Bas ; Sa Majesté le Roi de Portugal et des Algarves, etc. ; Sa Majesté le Roi de Suède ; le Conseil fédéral suisse.

Désirant faciliter le développement de la protection ouvrière par l'adoption de dispositions communes.

Ont résolu de conclure à cet effet une Convention concernant le travail de nuit des femmes employées dans l'industrie, et ont nommé pour leurs Plénipotentiaires, savoir :

Sa Majesté l'Empereur d'Allemagne, Roi de Prusse :
Son Excellence M. Alfred de Bülow, son chambellan et conseiller intime actuel, envoyé extraordinaire et ministre plénipotentiaire à Berne ;
M. Caspar, Directeur à l'Office de l'Intérieur de l'Empire ;
M. Frick, conseiller intime supérieur de gouvernement et conseiller rapporteur au Ministère prussien du Commerce et de l'Industrie ;
M. Eckardt, conseiller de légation actuel et conseiller rapporteur à l'Office des Affaires étrangères de l'Empire ;

Sa Majesté l'Empereur d'Autriche, Roi de Bohême, etc. et Roi apostolique de Hongrie :

Pour l'Autriche et pour la Hongrie :
Son Excellence M. le baron Heidler de Egeregg et Syrgenstein, son conseiller intime actuel, envoyé extraordinaire et ministre plénipotentiaire à Berne ;

Pour l'Autriche :
M. le docteur Franz Müller, conseiller ministériel au Ministère impérial et royal du Commerce ;

Pour la Hongrie :
M. Nicolas Gerster, inspecteur supérieur d'industrie royal hongrois ;

Sa Majesté le Roi des Belges :

Son Excellence M. Maurice Michotte de Welle, envoyé extraordinaire et ministre plénipotentiaire à Berne ;

M. Jean Dubois, directeur général de l'Office du travail au Ministère de l'Industrie et du Travail ;

Sa Majesté le Roi de Danemark :

M. Henrik Vedel, chef de bureau au Ministère de l'Intérieur ;

Sa Majesté le Roi d'Espagne :

M. Bernardo Almeida y Herreros, chargé d'affaires à Berne ;

Le Président de la République Française :

Son Excellence M. Paul Révoil, ambassadeur à Berne ;

M. Arthur Fontaine, directeur du Travail au Ministère du Commerce, de l'Industrie et du Travail ;

Sa Majesté le Roi du Royaume-Uni de Grande-Bretagne et d'Irlande et des Possessions britanniques au delà des mers, Empereur des Indes :

M. Herbert Samuel, membre du Parlement, sous-secrétaire d'État parlementaire au Ministère de l'Intérieur ;

M. Malcolm Delevingne, du Ministère de l'Intérieur ;

Sa Majesté le Roi d'Italie :

Son Excellence M. le comte Roberto Magliano di Villar San Marco, envoyé extraordinaire et ministre plénipotentiaire à Berne ;

M. le professeur Giovanni Montemartini, directeur de l'Office du travail près le Ministère royal de l'Agriculture et du Commerce ;

Son Altesse Royale le Grand-Duc de Luxembourg, Duc de Nassau :

M. Henri Neuman, conseiller d'État ;

Sa Majesté la Reine des Pays-Bas :

M. le comte de Rechteren Limpurg Almelo, son chambellan, ministre-résident à Berne ;

M. le docteur L. H. W. Regout, membre de la Première Chambre des États-généraux ;

Sa Majesté le Roi de Portugal et des Algarves, etc. :
Son Excellence M. Alberto d'Oliveira, envoyé extraordinaire et ministre plénipotentiaire à Berne ;

Sa Majesté le Roi de Suède :
M. Alfred de Lagerheim, ancien Ministre des Affaires étrangères, directeur général et chef du Collège royal du Commerce ;

Le Conseil fédéral suisse :
M. Émile Frey, ancien conseiller fédéral ;
M. le docteur Franz Kaufmann, chef de la division de l'industrie au Département fédéral du Commerce, de l'Industrie et de l'Agriculture ;
M. Adrien Lachenal, ancien conseiller fédéral, député au Conseil des États ;
M. Joseph Schobinger, conseiller national ;
M. Henri Scherrer, conseiller national ;
M. John Syz, président de l'Association suisse des filateurs, tisserands et retordeurs ;

lesquels, après s'être communiqué leurs pleins pouvoirs, trouvés en bonne et due forme, ont successivement discuté et adopté les dispositions suivantes :

ARTICLE PREMIER. — Le travail industriel de nuit sera interdit à toutes les femmes, sans distinction d'âge, sous réserve des exceptions prévues ci-après.

La présente Convention s'applique à toutes les entreprises industrielles où sont employés plus de dix ouvriers et ouvrières ; elle ne s'applique en aucun cas aux entreprises où ne sont employés que les membres de la famille.

A chacun des États contractants incombe le soin de définir ce qu'il faut entendre par entreprises industrielles. Parmi celles-ci seront en tout cas comprises les mines et carrières, ainsi que les industries de fabrication et de transformation des matières ; la législation nationale précisera sur ce dernier point la limite entre l'industrie, d'une part, l'agriculture et le commerce, d'autre part.

Art. 2. — Le repos de nuit visé à l'article précédent aura une durée minimum de onze heures consécutives; dans ces onze heures, quelle que soit la législation de chaque État, devra être compris l'intervalle de dix heures du soir à cinq heures du matin.

Toutefois, dans les·États où le travail de nuit des femmes adultes employées dans l'industrie n'est pas encore réglementé, la durée du repos ininterrompu pourra, à titre transitoire et pour une période de trois ans au plus, être limitée à dix heures.

Art. 3. — L'interdiction du travail de nuit pourra être levée :

1° En cas de force majeure, lorsque dans une entreprise se produit une interruption d'exploitation impossible à prévoir et n'ayant pas un caractère périodique ;

2° Dans le cas où le travail s'applique soit à des matières premières, soit à des matières en élaboration, qui seraient susceptibles d'altération très rapide, lorsque cela est nécessaire pour sauver ces matières d'une perte inévitable.

Art. 4. — Dans les industries soumises à l'influence des saisons, et en cas de circonstances exceptionnelles pour toute entreprise, la durée du repos ininterrompu de nuit pourra être réduite à dix heures, soixante jours par an.

Art. 5. — A chacun des États contractants incombe le soin de prendre les mesures administratives qui seraient nécessaires pour assurer sur son territoire la stricte exécution des dispositions de la présente Convention.

Les Gouvernements se communiqueront par la voie diplomatique les lois et règlements sur la matière de la présente Convention qui sont ou seront en vigueur dans leurs pays, ainsi que les rapports périodiques concernant l'application de ces lois et règlements.

Art. 6. — Les dispositions de la présente Convention

ne seront applicables à une colonie, possession ou protectorat que dans le cas où une notification à cet effet serait donnée en son nom au Conseil fédéral suisse par le Gouvernement métropolitain.

Celui-ci, en notifiant l'adhésion d'une colonie, possession ou protectorat, pourra déclarer que la Convention ne s'appliquera pas à telles catégories de travaux indigènes dont la surveillance serait impossible.

ART. 7. — Dans les États hors d'Europe, ainsi que dans les colonies, possessions au protectorats, lorsque le climat ou la condition des populations indigènes l'exigeront, la durée du repos ininterrompu de nuit pourra être inférieure aux minima fixés par la présente Convention, à la condition que des repos compensateurs soient accordés pendant le jour.

ART. 8. — La présente Convention sera ratifiée et les ratifications en seront déposées le 31 décembre 1908 au plus tard auprès du Conseil fédéral suisse.

Il sera dressé de ce dépôt un procès-verbal, dont une copie, certifiée conforme, sera remise par la voie diplomatique à chacun des États contractants.

La présente Convention entrera en vigueur deux ans après la clôture du procès-verbal de dépôt.

Le délai de mise en vigueur est porté de deux à dix ans :

1° Pour les fabriques de sucre brut de betterave;

2° Pour le peignage et la filature de la laine;

3° Pour les travaux au jour des exploitations minières, lorsque ces travaux sont arrêtés annuellement, quatre mois au moins, par des influences climatériques.

ART. 9. — Les États non signataires de la présente Convention sont admis à déclarer leur adhésion par un acte adressé au Conseil fédéral suisse, qui le fera connaître à chacun des autres États contractants.

ART. 10. — Les délais prévus par l'article 8 pour la mise en vigueur de la présente Convention, partiront, pour les

États non signataires, ainsi que pour les colonies, possessions ou protectorats, de la date de leur adhésion.

ART. 11. — La présente Convention ne pourra pas être dénoncée, soit par les États signataires, soit par les États, colonies, possessions ou protectorats qui adhéreraient ultérieurement, avant l'expiration d'un délai de douze ans à partir de la clôture du procès-verbal de dépôt des ratifications.

Elle pourra ensuite être dénoncée d'année en année.

La dénonciation n'aura d'effet qu'un an après qu'elle aura été adressée par écrit au Conseil fédéral suisse par le Gouvernement intéressé, ou, s'il s'agit d'une colonie, possession ou protectorat, par le Gouvernement métropolitain; le Conseil fédéral la communiquera immédiatement au Gouvernement de chacun des autres États contractants.

La dénonciation n'aura d'effet qu'à l'égard de l'État, colonie, possession ou protectorat au nom de qui elle aura été adressée.

En foi de quoi, les plénipotentiaires ont signé la présente Convention.

Fait à Berne, le vingt-six septembre mil neuf cent six, en un seul exemplaire, qui demeurera déposé aux archives de la Confédération suisse et dont une copie, certifiée conforme, sera remise par la voie diplomatique à chacun des États contractants.

(Suivent les signatures.)

APPLICATION DES CONVENTIONS
INTERNATIONALES DE BERNE

Le Gouvernement fédéral a fait savoir aux signataires des Conventions de Berne qu'il avait reçu le 24 septembre 1907 avis de la ratification par le Royaume-Uni de la Convention supprimant le travail nocturne des ouvrières, le 12 novembre 1907, avis de la ratification des deux Conventions par le Luxembourg[1]. La France paraît devoir venir la troisième pour la ratification de la Convention supprimant le travail nocturne des ouvrières, qui l'oblige à faire voter une loi modifiant celle qui est en vigueur chez elle depuis 1892.

Le 18 février 1907, le Gouvernement français déposa sur le bureau de la Chambre deux projets : le premier, signé par le Ministre des Affaires étrangères et M. Viviani, titulaire du Ministère nouveau

---

1. *Compte-R. Séances Ch. Dép. Luxemb.*, 1907, 20 juin, p. 2263 (dépôt des 2 proj.), 23 juin et 24 juill., pp. 3058, 3060 (phosph.), 3010, 3063 (tr. de nuit). — *The Parliam. Debates*, 4ᵉ sér., vol. 179, 2 et 6 août 1907, pp. 1466 et 1991. Votes sans objection, presque sans débats.

du Travail et de la Prévoyance sociale, demandait la ratification de la Convention internationale signée à Berne le 26 septembre 1906, sur le travail de nuit des femmes employées dans l'industrie; le second, signé du Ministre du Travail et de la Prévoyance sociale, proposait la mise en vigueur de cette Convention.

Chacun de ces projets est précédé d'un exposé des motifs.

L'exposé des motifs du premier projet rappelle que, pour éviter de laisser en état d'infériorité les industriels des pays les plus avancés pour la protection ouvrière, on a proposé deux solutions :

Ou bien établir une barrière douanière, ou bien conclure des conventions internationales de travail.

Il expose les raisons qui plaident pour l'adoption du second parti, fait l'historique du mouvement en faveur d'une législation internationale, et conclut ainsi :

En somme, la Convention pour l'interdiction du travail de nuit a été signée par les délégués de tous les États européens, sauf la Russie, la Norvège et les États des Balkans; on peut donc dire qu'il est institué, en ce qui concerne le travail de nuit des ouvrières, une législation quasi européenne.

La France, par la part importante qu'elle a prise aux

travaux des deux Conférences de Berne, par l'exemple
qu'elle a donné, avec l'Italie, en 1904, en concluant le
premier traité du travail, peut revendiquer à juste titre
l'honneur d'avoir contribué grandement à cet important
résultat...

Il appartient à la France de donner encore une fois
l'exemple en ce qui concerne la ratification de la Convention et la mise en vigueur des dispositions qu'elle contient;
cela offre d'autant moins de difficultés que des dispositions
à peu près équivalentes, sinon plus strictes, se trouvent
déjà inscrites dans notre législation nationale.

Le second projet, relatif à la mise en vigueur,
rappelle que la loi française du 2 novembre 1892,
par son article 4, interdit déjà le travail des
femmes de neuf heures du soir à cinq heures du
matin; que, d'autre part, l'article 3 de la même
loi limite à dix heures, sauf dérogations, la durée
du travail journalier des femmes [1].

Si, à ces dix heures, on ajoute la durée du repos,
qui atteint au plus deux heures, il s'ensuit que
l'arrêt du travail, pendant la nuit, ne saurait guère
avoir, en fait, une durée inférieure à douze heures.
Or, le projet de loi déposé en vertu de la Convention
internationale de Berne déclare que le repos de
nuit des femmes employées dans l'industrie durera
au moins onze heures consécutives; si on adopte

1. Documents parlementaires n° 765, Chambre des députés,
Annexe au procès-verbal de la séance du 18 février 1907. —
Journal officiel, Documents parlementaires, Chambre, 1907, p. 34.

cette disposition, c'est moins une gêne nouvelle qu'une précision apportée à la loi française en vigueur, d'autant plus que la durée du repos peut être réduite, par dérogation, à dix heures pendant 60 jours par an.

Sans doute, la loi de 1892, sauf le § 7 de l'article 4, ne spécifie pas les conditions auxquelles doivent satisfaire les industries pour bénéficier des dérogations, et, par suite, laisse aux industriels une marge plus considérable que la Convention de Berne. Mais le décret du 15 juillet 1893, qui donne une nomenclature de ces industries en application de la loi [1], limite sa liste à celles qui travaillent des matières premières ou des matières altérables, à celles qui sont soumises à l'influence des saisons, ou, enfin, sujettes à des poussées brusques et temporaires de production; c'est-à-dire que l'esprit dans lequel il a été rendu est le même que celui dont s'inspirèrent les négociateurs de Berne. Ici encore, on introduit plus de rigueur dans l'application, mais on ne change pas l'esprit de la loi existante.

On peut toutefois considérer comme plus sévères

1. [Ministère du Travail et de la Prévoyance sociale]. *Lois, Décrets, Arrêtés concernant la Règlementation du Travail*, 1907, in-8, pp. 14-21 et 35-40.

les dispositions qui ordonnent de commencer le repos de nuit au plus tard à neuf heures du soir en temps normal, à dix heures en période d'exception, tandis qu'avec la loi de 1892, le travail pouvait se prolonger jusqu'à onze heures.

Renvoyés à la Commission du Travail, les deux projets furent rapportés par M. Justin Godart, député, membre de cette Commission, le 15 mars 1907[1]. Favorable aux projets, le rapporteur écrit :

> Bien que la date extrême du dépôt des ratifications par les États contractants soit le 31 décembre 1908, la Chambre estimera que la France doit être une des premières à donner son entière adhésion à cette entente internationale sur les conditions du travail, comme elle a été la première à conclure un traité de travail.

M. Justin Godart rappelle les efforts qui ont été faits à la Conférence pour créer une Commission internationale analogue à celle des sucres, et pour amener une entente en vue de la création d'un système uniforme, rendant plus efficace l'inspection du travail dans les divers États, efforts qui, on

---

1. Documents parlementaires, n°ˢ 840 et 841, Chambre des députés, session de 1907, annexe au procès-verbal de la séance du 15 mars 1907. — *Journal officiel*, 1907, *Documents parlementaires*, *Chambre*, pp. 320-321.

l'a vu page 195, n'ont pu aboutir qu'à l'insertion d'un vœu au procès-verbal. Il prie la Chambre de voter, sans modification, le projet déposé. Ses conclusions ont été adoptées sans discussion le 10 juin 1907.

Le Gouvernement français a ensuite déposé deux projets analogues, pour ratification et pour mise en vigueur, sur le bureau du Sénat, les 11 juillet et 22 octobre 1907[1].

Bien des partisans de l'intervention avaient compté que les Gouvernements iraient plus vite et plus loin. Le jour même où la Conférence diplomatique de 1906 se séparait après les résultats qu'on a vus, s'ouvrait à Genève la quatrième assemblée générale de l'Association internationale pour la protection légale des travailleurs[2]. Plusieurs des délégués à Berne et non des moins actifs y prenaient part. Sous l'impression du succès de Berne, les représentants de l'Association discutaient, entre autres questions, la réglementation du travail des jeunes gens et abordaient même celle du travail des adultes.

Peu après, le Gouvernement français organisait

1. *Journal officiel*, 1907, *Débats parlementaires, Chambre*, pp. 22 et 1250; *id., Sénat*, pp. 908 et 949.
2. Voir Bibliogr., X, n° 5.

un Ministère du Travail et de la Prévoyance sociale
(26 octobre 1906), institution qui marquait une
inclination aux réformes intéressant la classe
ouvrière.

Enfin, le 5 novembre 1906, dix députés français appartenant à diverses opinions, mais parmi
lesquels on ne compte aucun socialiste, déposaient
une proposition de loi ayant pour objet la limitation des heures de travail au moyen d'une conférence internationale. Entre autres appuis, ils prenaient celui de M. Gervais, radical-socialiste, rapporteur du budget des Affaires étrangères. Dans son
rapport, M. Gervais, tout en approuvant ce qui
avait été fait à Berne, ajoutait : « On préconisera
l'ouverture d'une conférence internationale en vue
de l'abaissement simultané de la durée du travail
à huit heures... Que le Gouvernement entende notre
conseil [1]! »

De tels avis, de semblables propositions paraissent
prématurées, car aucun Gouvernement ne se montre
actuellement disposé à établir chez lui, fût-ce après
un accord international, la journée de huit heures,
ni même enclin à suivre l'exemple de la France, la

1. *Journal officiel*, 1906. *Débats. Chambre*, séance du 19 mars 1906,
pp. 1441-1442 (budget des Affaires étrangères). *Documents parlementaires. Chambre*, p. 111, n° 379.

Suisse et l'Autriche en limitant par une loi la durée du travail des adultes hommes. Comme résultat immédiat, il est prudent d'espérer seulement que la ratification de l'accord pour la suppression du travail nocturne des ouvrières, signé à Berne par 14 États en 1906, sera notifiée par tous les Gouvernements adhérents dans le plus bref délai possible.

CONCLUSION

Par les traités qu'on vient d'étudier, les Gouvernements se préoccupent surtout d'échanger des
avantages, à peu près comme ils le font dans les
traités de commerce. C'est pourquoi les premiers
arrangements qui aboutirent portèrent sur des questions d'épargne et de prévoyance, c'est pourquoi ils
furent demandés à la France par la Belgique et
l'Italie qui lui envoient de nombreux travailleurs.

Quand on parvint à conclure des arrangements
relatifs à la protection des ouvriers, ils furent
présentés sous les mêmes couleurs. Ainsi, dans
le traité entre la France et l'Italie qui inaugure la
série, les stipulations de cette nature apparurent
comme une compensation en faveur de la première
pour les avantages de prévoyance concédés à la
seconde. En même temps les déclarations du
Ministre français à tribune et tout ce que publièrent
les initiateurs français du mouvement et leurs

partisans tendit à montrer dans le nivellement de la protection ouvrière un avantage pour les patrons qu'elle plaçait dans les diverses nations contractantes sur le même pied pour la production.

Tout le monde reconnaissait qu'un pays à législation sociale avancée met ses industriels en état d'infériorité dans la lutte universelle. Jusqu'alors on n'avait trouvé pour les aider qu'un expédient, les tarifs prohibitifs leur réservant le marché intérieur, à l'exemple de l'Australie et de la Nouvelle-Zélande. Avec l'équilibre de protection ouvrière assuré par traités, les négociateurs français ont inauguré un autre procédé qui a le double avantage de ne point établir des mesures commerciales hostiles à l'étranger dans un pays de progrès social et d'entraîner dans la voie où il s'engage les pays étrangers contractants au lieu d'aggraver par une barrière de douanes l'amas d'obstacles qui les sépare de lui. On a vu plus haut des hommes d'État protectionnistes comme M. Méline en France, M. de Posadowsky en Allemagne reconnaître à la tribune qu'on ne pouvait indéfiniment élever les tarifs d'entrée et que la protection ouvrière internationale valait mieux que la protection douanière nationale ou du moins devait venir à son secours (pages 58, 106, 152).

Bien que les conventions diplomatiques de prévoyance et de travail aient rallié à leur cause quel-
ques-uns des chefs d'industrie, elles rencontrent
chez beaucoup d'entre eux des adversaires qui leur
reprochent de ne point tenir ce que promettaient
leurs partisans. Parmi les objections faites contre
ces actes, la plus répandue consiste à soutenir
qu'avec la Belgique et l'Italie la France aurait fait
marché de dupe. C'est s'en tenir exclusivement à
la statistique des bénéficiaires de la prévoyance
sociale, c'est ignorer les avantages moraux et politiques de l'arrangement avec la Belgique (page 26),
la deuxième partie de celui qui fut conclu avec
l'Italie (page 75), enfin l'adhésion de la Belgique
aux deux Conférences de Berne et l'interdiction du
travail nocturne des femmes qu'elle promit de réaliser chez elle (pages 78, 154, 199).

Il semble difficile de contester que les accords
de prévoyance et de travail se fondent sur l'intérêt
général tel que nous l'entendons aujourd'hui et
qu'ils aboutissent à une conception de moralité,
d'harmonie et de paix. Tel fut le cas pour les
traités relatifs à la liberté commerciale inaugurés à
une époque précédente par l'école libérale et utili-
taire anglaise qui habitua le monde à vivre dans
l'hypothèse de la paix jusqu'au moment où des

circonstances que je n'ai pas lieu d'examiner ici introduisirent la politique d'armements, de protectionnisme et d'impérialisme.

Sans doute aucun de nous n'est prophète et nous ne pouvons prédire si les vues d'avenir des « interventionnistes sociaux » auront une fortune plus belle que celles des économistes manchestériens ; néanmoins c'est un résultat de voir sous le nom d'intérêt général, comprendre aujourd'hui non seulement les affaires des patrons et possédants, mais, avec elles, l'avantage de la classe ouvrière, la plus nombreuse, et — dans les pays occidentaux à suffrage universel ou très large — la plus puissante. Peut-être trouvera-t-on là de quoi former l'espoir qu'une œuvre durable vient d'être inaugurée.

Quels sont à ce sujet les sentiments des organisations ouvrières, quels sont ceux des partis socialistes? On ne saurait le dire en se fondant sur des témoignages ou des preuves. En effet, depuis le Congrès de Zurich ou furent représentés au moins partiellement les unes et les autres (page 17), syndicats et socialisme paraissent résolus à ne compter que sur eux-mêmes, à ne parler que dans leur congrès propres, nationaux ou internationaux. Il semble que l'intransigeance de la démocratie socialiste allemande, combattue par son

Gouvernement, réduite à l'opposition, soit devenue comme la règle de conduite des partis similaires dans les autres pays : en France et en Italie, après une tentative de participation au pouvoir, les socialistes « unifiés » sont revenus à l'ancienne tactique; dans tous les pays, orateurs socialistes et chefs ouvriers évitent de se prononcer sur des conférences diplomatiques où toute adhésion de leur part pourrait s'interpréter comme un appui donné par eux au Gouvernement existant; mais un silence si complet laisse paraître qu'ils ne sont point toujours hostiles et décèle une neutralité parfois bienveillante.

Maintenant, le véritable caractère des traités de prévoyance et de travail nous apparaît tout entier. Ce sont des accords comme les autres, conclus par les Gouvernements actuels, par le moyen des diplomates que secondent les chefs de service compétents. La nouveauté, c'est d'avoir, à côté des préoccupations traditionnelles, fait entrer le souci de la majorité laborieuse et pauvre, d'avoir contribué à transformer la diplomatie des souverains et des groupes divers en diplomatie de la nation, d'avoir ainsi, sans rien changer à l'organisation actuelle, sans préparer directement une révolution, créé une nouvelle conception des rapports entre Gouvernements modernes et donné un aliment à l'opinion publique internationale qui semble se former à notre époque.

Vu, le 5 décembre 1907.
Le Doyen de la Faculté des Lettres de Paris,
A. CROISET.

Vu et permis d'imprimer :
Le Vice-Recteur de l'Académie de Paris,
L. LIARD.

TABLE DES MATIÈRES

INTRODUCTION.   I

BIBLIOGRAPHIE.   V

LES PREMIÈRES TENTATIVES . . .   1

CONFÉRENCE DIPLOMATIQUE DE BERLIN (1890).   7
Texte des vœux de la Conférence de Berlin (1897).   9

CONGRÈS INTERNATIONAL POUR LA PROTECTION OUVRIÈRE,
Zurich (1897). 15

CONGRÈS INTERNATIONAL DE LÉGISLATION DU TRAVAIL, Bruxelles
(1897) 21

CONVENTIONS FRANCO-BELGES RELATIVES AUX CAISSES D'ÉPARGNE (1882-1897).   25

Texte du décret du 12 juin 1882, approuvant l'arrangement
du 31 mai 1882. 29
Texte du décret du 6 septembre 1897 promulgant la Convention du 4 mars 1897. 32

CONVENTION FRANCO-ITALIENNE DU 15 AVRIL 1904   37

CONGRÈS DE PARIS, 1900. L'ASSOCIATION INTERNATIONALE POUR
LA PROTECTION LÉGALE DES TRAVAILLEURS. 37
LA CONVENTION FRANCO-ITALIENNE. 48
Texte de la Convention et Commentaires. 60

APPLICATION DE LA CONVENTION FRANCO-ITALIENNE.. 79

CAISSES D'ÉPARGNE. 79
Texte de l'arrangement du 20 janvier 1906, ratifié le 3 août 1906. 81
Texte du décret du 4 juillet 1907. 87
Texte de l'arrêté ministériel du 20 septembre 1907. 88

INDEMNITÉS POUR ACCIDENTS DU TRAVAIL 91
Texte de l'arrangement du 9 juin 1906. 92

ACCORDS RELATIFS AUX ACCIDENTS DU TRAVAIL APRÈS LE 15 AVRIL 1904. 104

ARRANGEMENT DU 15 AVRIL 1906 ENTRE LA BELGIQUE ET LE
GRAND-DUCHÉ DE LUXEMBOURG. 109
Texte 109

LES ACCORDS DE L'ALLEMAGNE AVEC LE LUXEMBOURG ET LA
BELGIQUE. 113
Texte de l'arrangement allemand-luxembourgeois (2 sep-
tembre 1905). 115
Texte de l'Ordonnance du Conseil fédéral allemand en faveur
des sujets belges (22 février 1906). 119

ARRANGEMENT FRANCO-BELGE (21 février 1906) ET FRANCO-
LUXEMBOURGEOIS (27 juin 1906). 122
Texte 123

PROJET DE TRAITÉ ENTRE LA FRANCE ET LE ROYAUME-UNI . . 126

LA CONFÉRENCE INTERNATIONALE POUR LA PROTECTION OUVRIÈRE
PREMIÈRE CONFÉRENCE DE BERNE (1905). 129

Texte de la première circulaire du Conseil fédéral suisse. . 132
Règlement de la Conférence de 1905 136

LE PHOSPHORE BLANC 140

LE TRAVAIL DE NUIT DES FEMMES 148
Texte de l'Acte final de la Conférence internationale de 1905
(Bases). 156

LA CONFÉRENCE DIPLOMATIQUE POUR LA PROTECTION OUVRIÈRE
DEUXIÈME CONFÉRENCE DE BERNE (1906).   161

Texte de la deuxième circulaire du Conseil fédéral 161
Texte de la troisième circulaire du Conseil fédéral 164
Texte du projet de Convention internationale sur l'interdiction du travail de nuit des femmes. 169
Texte de la quatrième circulaire du Conseil fédéral 172

INTERDICTION DU PHOSPHORE BLANC (jaune). 181
Texte de la Convention internationale sur l'interdiction de l'emploi du phosphore blanc (jaune) dans la fabrication des allumettes 185

SUPPRESSION DU TRAVAIL DE NUIT DES FEMMES 188
Vœu pour la création d'une Commission internationale. . . 195
Texte de la Convention internationale sur l'interdiction du travail de nuit des femmes employées dans l'industrie . 200

APPLICATION DES CONVENTIONS INTERNATIONALES DE BERNE. . 207

CONCLUSION. 215

1810-07. — Coulommiers. Imp. PAUL BRODARD. — 2-08.